Leonie Williams

BARBADOS

· KOCHBUCH ·

Alle Ratschläge in diesem Buch wurden vom Autor und vom Verlag sorgfältig erwogen und geprüft. Eine Garantie kann dennoch nicht übernommen werden. Eine Haftung des Autors beziehungsweise des Verlags für jegliche Personen-, Sach- und Vermögensschäden ist daher ausgeschlossen.

Email: info@edition-lunerion.de
www.edition-lunerion.de

Psiana eCom UG
Berumer Str. 44
26844 Jemgum

Vorwort

Traumstrände, sommerliche Temperaturen das ganze Jahr über und die unbeschwerte Leichtigkeit karibischen Insellebens: Barbados ist nicht umsonst Traumziel zahlreicher Touristen aus aller Welt. Dazu wird das Urlaubserlebnis von der barbadischen Küche genussvoll-perfekt abgerundet – und um die zu erkunden, müssen Sie nicht mal in den Flieger steigen, sondern zaubern mit diesem Kochbuch Karibik-Flair ganz einfach selbst auf den Tisch!

Kolonial-Einflüsse aus Großbritannien und Afrika, Fischreichtum aus dem Ozean, tropisch-exotische Früchte und einzigartige Gewürzkombinationen: Aus dieser bunten Mischung besteht die Küche Barbados' und hat für europäische Foodies damit jede Menge köstliche Überraschungen auf Lager. Heißgeliebt werden auf der Insel vor allem Hühnchen, gegrillter Fisch, Makkaroni-Aufläufe und auch Schweinefleisch – so ist für Fischfans und Fleischfreunde gleichermaßen viel geboten. Dank Süßkartoffel, exotischen Früchten, Reis, Kochbananen, Kürbis & Co. kommen jedoch auch Veggies auf ihre Kosten und entdecken bekannte Zutaten in erfrischend neuem Gewand. Von Vorspeisen über leichte Mahlzeiten bis hin zu herzhaft-deftigen Sattmachern präsentiert dieses Buch Ihnen eine große Fülle an typischen Barbados-Rezepten und bei der Dessert- und Drinkauswahl bekommen auch Genussmenschen glänzende Augen.

 INHALT

Wissenswertes

Barbados ist eine kleine Karibikinsel, die zu den Kleinen Antillen gehört. Sie ist etwas nordöstlich von Venezuela gelegen und wird somit geografisch zu Mittelamerika gerechnet.

Bis 1966 war Barbados britisches Kolonialgebiet. Der kleine Inselstaat blieb noch bis 2021 Mitglied im Commonwealth of Nations. Seit November desselben Jahres ist Barbados eine eigenständige Republik, zu deren Staatspräsidentin Sandra Manson gewählt wurde. Durch die Kolonialherrschaft ist die Amtssprache auf Barbados Englisch.

Die Einwohner dieser Karibikinsel werden „Barbadier" genannt, sie selbst bezeichnen sich als „Bajans". Die Einwohner von Barbados sind zum größten Teil Nachkommen afrikanischer Sklaven. Der Rest setzt sich aus Engländern, Iren und asiatischen Landsleuten zusammen.

Davor lebten die Völker der Arawak und der Kariben auf Barbados. Die Insel wurde von ihnen „Ichirouganaim" genannt. Etwa im Jahr 1600 v. Chr. gab es eine erste Einwanderungswelle aus Südamerika. Diese Einwanderer verschwanden aber wieder. Es folgten Einwanderungen in den Jahren 350 und 800 n. Chr. sowie im 13. Jahrhundert. Zwischen diesen Einwanderungswellen war die Insel vom Festland isoliert.

Der heutige Name Barbados kam durch den portugiesischen Entdecker Pedro Campos zustande. Die Inspiration zu diesem Namen bekam er durch die frei hängenden Wurzeln der Feigenbäume, welche ihn an Bärte erinnerten. Die portugiesischen Begriffe „os barbudos" und die spanischen Wörter „los barbados" stehen für „die Bärtigen". Daraus entstand „Barbados".

Während der nächsten 15 Jahre wurden viele versklavt und zur Plantagenarbeit auf benachbarte Inseln geschickt. Die übrig gebliebene Bevölkerung verließ die Insel. Deshalb war Barbados ohne Einwohner, als England sie von den Portugiesen im Jahr 1625 übernahm. Es wurden Sklaven aus Irland und Afrika hier her verschifft und zeitgleich wurden sogenannte Indentur-Sklaven auf Barbados angesiedelt. Dies sind „Zeitsklaven", die keinen Lohn, dafür aber Kost, Logis und die Überfahrt erhielten.

Mit einer Fläche von nur 430 km² hat Barbados in etwa eine Breite von 22,5 Kilometer und eine Länge von knapp 34 Kilometer. Die Einwohnerzahl liegt um die 300.000, wovon schon mehr als ⅓ in der Hauptstadt Bridgetown leben. Bei dieser geringen Größe gibt es auf Barbados auch nur einen einzigen Flughafen: den Grantley Adams International Airport.

Die Besonderheit zu anderen Karibikinseln liegt darin, dass Barbados nicht aus vulkanischer Aktivität entstanden ist. Bei dieser Insel handelt es sich um ein Kalksteinplateau, welches durch die Verschiebung von tektonischen Platten aufgehäuft wurde. Die höchste Stelle bildet der Mount Hillaby mit einer Höhe von etwa 340 Metern.

Das Klima wird von einer ganzjährig fast gleichbleibenden Temperatur von etwa 26 °C beherrscht. Die Regenzeit findet von Mai bis Oktober statt und kann schon mal Niederschlagsmengen von um die 2.000 mm pro Jahr hervorbringen. Trotzdem gibt es auf Barbados keine größeren Seen, denn das Wasser versickert nahezu sofort im Kalkstein. Die kleine Insel liegt im Einzugsbereich von Hurrikans, was bedeutet, dass zwischen den Monaten Juni und November eine erhöhte Gefahr von Naturkatastrophen besteht. Jedoch sind die Wetterbeobachtungen sehr gut ausgeprägt und es kann daher rechtzeitig vor diesen gigantischen Wirbelstürmen gewarnt werden.

Die einst vorhandenen tropischen Regenwälder sind nahezu abgeholzt. Sie mussten den inzwischen weitläufig angelegten Zuckerrohrplantagen weichen. Nur in einem kleinen Gebiet von etwa 18 Hektar Größe gibt es noch einen Restbestand des Tropenwaldes. Auch die Fauna von Barbados bietet nicht allzu viel. Hier leben nur ein paar Affenarten, Hasen und Eidechsen. Ein

Highlight der Insel ist die Eiablage der Lederschildkröten im April und im Mai. Sie kommen während dieser beiden Monate an die Strände von Barbados und vergraben ihre Eier dort. Weiterhin gibt es Meeresvögel wie Möwen und Reiher zu beobachten. Im warmen Wasser rund um die Insel tummeln sich Barrakudas, Papageienfische und die sogenannten fliegenden Fische, die gerne als Speise auf dem Teller der Einwohner landen.

Die Zuckerindustrie ist nicht mehr nur die Haupteinnahmequelle der kleinen Karibikinsel. Heute ist Barbados vor allem ein touristisches Ziel geworden, weshalb auch viele große Kreuzfahrtschiffe den Weg dorthin finden. Die Kulinarik auf Barbados setzt sich aus afrikanischen und britischen Speisen zusammen. Die damals eingeführten Sklaven passten ihre Rezepte an die vorhandenen Ressourcen auf Barbados an. Daraus entstanden die heute traditionellen bajanischen Speisen. Mittlerweile unterscheiden sich die Speisen von anderen karibischen Inseln nur wenig, denn auch hier ist der Einfluss aus Europa und Afrika zu spüren.

Barbados hat viele Traditionen zu bieten, die mit dem Essen der Insel stark verbunden sind. So gibt es am Freitag Fisch, samstags meist Pudding & Souse und der Sonntag ist für aufwendige Aufstriche reserviert. Das Nationalgericht auf Barbados ist Flying Fish und Cou Cou (die Rezepte finden Sie in diesem Kochbuch). Neben dem Flying Fish ist der Mahi-Mahi sehr beliebt. Dieser trägt auf Barbados die Bezeichnung „Dolphin", was schon oft für Verwirrung und schockierte Gesichter bei den Touristen sorgte. Bei dem Mahi-Mahi handelt es sich keineswegs um einen Delfin, sondern um eine Goldmakrele. Weitere sehr beliebte Speisen sind Makkaroni-Aufläufe und gegrillter/gebratener Fisch oder Fleisch. Besonders beliebt bei den Einheimischen ist Schweinefleisch. Als Beilage wird meist Reis serviert.

Vegane oder vegetarische Rezepte sind eher zufällig, aber nicht bewusst. Es gibt einige wenige Restaurants auf Barbados, die eine vegane Kost anbieten. Diese haben sich allerdings nur aufgrund der touristischen Nachfrage entwickelt. Dafür gibt es aber eine Reihe von Fastfood-Restaurants. Hühnchen ist sehr beliebt auf Barbados, daher ist die Chefette-Restaurant-Kette mit mehr als 10 Standorten auf der gesamten Insel vertreten. Jedoch werden Sie auch bekannte Fastfood-Restaurants finden, denn auch KFC, Burger King und Subway sind hier ansässig.

Gefrühstückt wird auf Barbados eher einfach. Etwas Toast, ein weiches Brötchen, Butter und Marmelade, dazu ein paar frische Früchte ... das war es in der Regel schon. Deshalb sind in diesem Kochbuch keine traditionellen barbadischen Frühstücksrezepte aufgeführt. Dafür finden Sie aber eine Reihe von Gewürzmischungen, die den karibischen Speisen eine besondere Note verleihen. Eine typische Mahlzeit auf Barbados besteht in der Regel aus einem Hauptgericht mit Fleisch, Fisch und einigen Beilagen sowie Salat. Dazu werden verschiedene Soßen gereicht.

Da nicht wirklich viele traditionelle barbadische Rezepte zu finden sind, ist dieses Kochbuch etwas weniger üppig ausgestattet. Verzichtet wurde auf solche Rezepte, die dem Europäer wahrscheinlich nicht liegen würden (Gerichte mit ganzen Schweineköpfen oder Pfoten) oder einfach zu kompliziert für die europäische Küche sind, weil das benötigte Equipment nicht vorhanden ist.

EINKAUFSLISTE

Angostura: Bitter Bitterlikör, in gut sortierten Lebensmittelmärkten erhältlich.

Falernum: Sirup oder Likör für karibische Getränke.

Chorizo: Spanische Wurst.

Kokosmilch: Flüssigkeit, die aus geriebenen Kokosnüssen und Wasser gewonnen wird

Sorghumhirse: Eine spezielle Hirsesorte, die größere Körner hat.

Maniokwurzel: Wie eine Kartoffel zu verwenden.

Mascobadozucker: Unraffinierter Vollrohrzucker.

Salate

KARIBISCHER REISSALAT

4 Port.

125 Min.

Leicht

Zutaten

250 g Reis
200 g Ananas, Konserve
4 Gewürznelken
2 EL Öl
300 ml Gemüsebrühe
200 ml Kokosmilch
1 Stange Staudensellerie
1 Lauchzwiebel
½ TL Kurkuma
1 Limette, unbehandelt
2 Orangen
1 Chilischote
2 EL Mandelsplitter
2 EL Rosinen
Zimtpulver nach Belieben
Koriander nach Belieben
1 Prise Salz

Nährwerte p. P.

621 kcal
77 g Kohlenhydrate
29 g Fett
10 g Eiweiß

1 Erhitzen Sie das Öl in einer Pfanne und braten Sie den Reis darin unter Rühren an. Geben Sie die Gewürznelken dazu und würzen Sie den Reis mit Kurkuma und nach Belieben mit Zimt.

2 Gießen Sie die Gemüsebrühe und die Kokosmilch dazu. Köcheln Sie den Reis für etwa 35 Minuten bei niedriger Temperatur.

3 In der Zwischenzeit säubern Sie die Chilischote und schneiden sie in kleine Stücke. Geben Sie sie zum Reis in die Pfanne. Pressen Sie den Saft aus den Orangen und der Limette. Reiben Sie vorher die Schale der Limette ab und stellen Sie sie zur weiteren Verwendung beiseite.

4 Geben Sie den Orangen- und den Limettensaft mit der abgeriebenen Schale in eine Schüssel und vermischen Sie alles gut miteinander. Würzen Sie die Marinade mit etwas Salz. Anschließend rühren Sie die Rosinen darunter.

5 Nach der Kochzeit geben Sie das Saftgemisch in den Reis und verrühren alle Zutaten miteinander. Stellen Sie den Reis für etwa 1 Stunde zum Ziehen beiseite.

6 Währenddessen säubern Sie die Sellerie und die Lauchzwiebel und schneiden beides in kleine Stücke. Geben Sie die Ananas zum Abtropfen in ein Sieb. Anschließend schneiden Sie sie in kleine Stücke. Erhitzen Sie eine Pfanne ohne Fettzugabe und rösten Sie darin die Mandelsplitter unter Rühren kurz an.

7 Mischen Sie die Sellerie, die Lauchzwiebel und die Ananas in den Reis. Zum Servieren streuen Sie etwas Koriander über den Salat und verteilen die gerösteten Mandelsplitter darüber.

KARIBISCHER GEFLÜGELSALAT

8 Port.

85 Min.

Leicht

Zutaten

3 Hähnchenfilets à 300 g
1 Stange Staudensellerie
1 Stück Ingwer, walnuss-groß
1 Gewürznelke
1 Lorbeerblatt
1 Zwiebel
1 Dose Ananas, in Ringen
1 Dose Mais, klein
3 EL Mayonnaise
300 g Joghurt, Vollmilch
1 Prise Currypulver
1 Prise Pfeffer, weiß
1 Prise Salz

Nährwerte p. P.

247 kcal
15 g Kohlenhydrate
8 g Fett
27 g Eiweiß

1 Waschen Sie die Filets ab und tupfen Sie sie mit einem Stück Küchenpapier trocken. Pellen Sie die Zwiebel und spicken Sie die Nelke und das Lorbeerblatt darauf. Kochen Sie eine kleine Menge Salzwasser auf und geben Sie das Fleisch und die bespickte Zwiebel hinein. Köcheln Sie die Zutaten bei niedriger Temperatur für etwa 15 Minuten.

2 In der Zwischenzeit säubern Sie die Sellerie und schneiden sie in dünne Scheiben. Geben Sie den Mais und die Ananas zum Abtropfen jeweils in ein Sieb. Fangen Sie den Saft der Ananas auf. Schneiden Sie sie in kleine Stücke. Schälen Sie den Ingwer und hacken Sie ihn in feine Stücke.

3 Nach der Garzeit nehmen Sie das Fleisch aus dem Topf und stellen es zum Abkühlen beiseite. Anschließend schneiden Sie es in mundgerechte Stücke. Geben Sie die Fleischstücke in eine Schüssel und mischen den Mais, die Ananas und den Sellerie dazu.

4 Füllen Sie den Joghurt, die Mayonnaise, die Ingwerstücke und 3 EL vom Ananassaft in eine Schüssel und vermengen Sie alles gut miteinander. Schmecken Sie das Dressing mit Salz, Pfeffer und Currypulver ab.

5 Zum Schluss mischen Sie das Dressing unter den Salat und stellen ihn für etwa 1 Stunde zum Ziehen in den Kühlschrank. Bei Bedarf schmecken Sie den Salat später noch einmal mit den Gewürzen ab.

KARIBISCHER MANGOSALAT

4 Port.

45 Min.

Leicht

Zutaten

2 Mangos
1 Limette, unbehandelt
1 Tomate
1 Stck. Ingwer (1 cm)
1 Zwiebel
3 Chilischoten, rot
3 Knoblauchzehen
1 Prise Pfeffer
1 Prise Salz

Nährwerte p. P.

105 kcal
21 g Kohlenhydrate
1 g Fett
3 g Eiweiß

1 Schälen Sie die Mangos und lösen Sie den Kern heraus. Schneiden Sie das Fruchtfleisch in feine Streifen. Säubern Sie die Tomate und schneiden Sie sie in kleine Würfel. Pellen Sie die Zwiebel und schneiden Sie sie in Streifen. Entfernen Sie die Schale vom Knoblauch und hacken Sie ihn in feine Stücke. Schälen Sie den Ingwer und schneiden Sie ihn in kleine Würfel. Säubern Sie die Chilischoten und schneiden Sie sie in kleine Würfel. Reiben Sie die Schale der Limette ab und pressen Sie sie anschließend aus.

2 Geben Sie die Mangostreifen, die Tomatenstücke, die Zwiebelstreifen, die Ingwerwürfel, die Knoblauchstücke und die Chiliwürfel in eine Schüssel und vermischen Sie alle Zutaten miteinander. Gießen Sie den Limettensaft dazu und streuen Sie die abgeriebene Schale hinein. Mischen Sie alles gut durch und schmecken Sie den Salat mit Salz und Pfeffer ab.

3 Vor dem Servieren stellen Sie den Mangosalat für mindestens 30 Minuten zum Ziehen in den Kühlschrank.

PICKLED CUCUMBER |

BARBADISCHER GURKENSALAT

4 Port.

45 Min.

Leicht

Zutaten

2 Salatgurken
1 Bund Petersilie
1 Zwiebel
1 Chilischote
1 ½ TL Salz
2 Limetten

Nährwerte p. P.

27 kcal
4 g Kohlenhydrate
0 g Fett
2 g Eiweiß

1 Schälen Sie die Gurken und raspeln Sie sie in dünne Scheiben. Spülen Sie die Petersilie ab und hacken Sie sie in feine Stücke. Säubern Sie die Chilischote und schneiden Sie sie in kleine Stücke. Pellen Sie die Zwiebel und schneiden Sie sie in kleine Würfel. Pressen Sie den Saft aus den Limetten und füllen Sie ihn in eine Rührschüssel.

2 Geben Sie alle anderen Zutaten zum Limettensaft und vermischen Sie alles gut miteinander. Stellen Sie den Salat für mindestens 1 Stunde zum Ziehen in den Kühlschrank.

KARIBISCHER BOHNENSALAT

2 Port. 15 Min. Mittel

Zutaten

1 Papaya
1 Mango
1 Dose schwarze Bohnen (Kidneybohnen)
1 Limette
2 Zwiebeln
1 Chilischote, rot
3 EL Maiskeimöl
1 TL Zucker, braun
Salz nach Belieben

Nährwerte p. P.

184 kcal
20 g Kohlenhydrate
9 g Fett
6 g Eiweiß

1 Geben Sie die Bohnen in ein Küchensieb und spülen Sie sie gründlich ab. Schälen Sie die Mango und schneiden Sie das Fruchtfleisch in dünnen Scheiben vom Kern ab. Schälen Sie die Papaya und halbieren Sie sie. Nehmen Sie den Kern heraus und schneiden Sie das Fruchtfleisch in Würfel. Pellen Sie die Zwiebeln. Schneiden Sie eine in feine Ringe und die zweite zu Dekorationszwecken quer in Streifen. Säubern Sie die Chilischote und schneiden Sie sie in kleine Würfel. Reiben Sie etwa ⅓ der Limettenschale ab und pressen Sie anschließend den Saft heraus.

2 Füllen Sie den Limettensaft in eine kleine Schüssel und mischen Sie die abgeriebene Schale, den Zucker und die Chilistücke darunter. Rühren Sie so lange, bis sich der Zucker aufgelöst hat. Mischen Sie das Öl dazu und schmecken Sie die Marinade mit Salz ab.

3 Geben Sie die geschnittenen Obst- und Gemüsestücke in eine Schüssel und vermengen Sie sie mit der Marinade. Decken Sie die Schüssel ab und stellen Sie sie für 30 Minuten zum Ziehen beiseite.

4 Zum Servieren verteilen Sie die quer geschnittenen Zwiebelstreifen auf dem Salat.

Suppen

PAPAYASUPPE MIT GARNELEN

4 Port.

60 Min.

Mittel

Zutaten

1 Papaya, ca. 500 g, reif
250 g Garnelen oder Shrimps, TK, geschält und roh
250 ml Kokoswasser
15 ml Gemüsebrühe
60 g Ananasstücke, Konserve
3 EL Zitronensaft
2 EL Sonnenblumenöl
60 g Zwiebeln
50 ml Kokosmilch, cremig, 24 % Fett
2 Tomaten
2 Chilischoten, grün
1 Peperoni, mittelscharf
4 Knoblauchzehen
20 g Ingwer
3 EL Reiswein, dunkel
2 Prisen Muskatnuss
3 EL Olivenöl
etwas Cayennepfeffer
etwas Salz

12 Baguettescheiben
60 g Butter
1 Prise Salz

1 Geben Sie die Garnelen zum Auftauen und Abtropfen in ein Sieb. Sollten größere Shrimps dabei sein, halbieren Sie sie.

2 Schälen und entkernen Sie die Papaya. Geben Sie das weiche Fruchtfleisch aus dem oberen Teil in einen Multizerkleinerer. Schneiden Sie das feste Fleisch der Papaya in mundgerechte Stücke.

3 Füllen Sie das Kokoswasser, die Kokosmilch, den Zitronensaft und die Gemüsebrühe zum Papaya-Fruchtfleisch in den Zerkleinerer.

4 Pellen Sie die Zwiebel und schneiden Sie sie in kleine Würfel. Erhitzen Sie das Sonnenblumenöl in einer Pfanne und dünsten Sie die Zwiebeln darin an.

5 Waschen Sie die Tomaten und entfernen Sie den Stielansatz. Schneiden Sie sie in kleine Würfel. Geben Sie die Ananasstücke zum Abtropfen in ein Sieb. Spülen Sie die Peperoni ab und entfernen Sie die Kerne. Schneiden Sie sie in kleine Stücke.

6 Pellen Sie den Knoblauch und pressen Sie ihn in ein kleines Schälchen. Säubern Sie die Chilischoten, entfernen Sie, wenn Sie möchten, die Kerne und schneiden Sie sie in dünne Scheiben. Schälen Sie den Ingwer und schneiden Sie ihn in Scheiben.

Nährwerte p. 100 g.

251 kcal
48 g Kohlenhydrate
2 g Fett
9 g Eiweiß

7 Geben Sie die Zwiebeln, die Tomatenstücke, die Ananasstücke, die Peperonistücke, die Chilischeiben, die Ingwerscheiben, die Hälfte des gepressten Knoblauchs und die Muskatnuss zu den Zutaten in den Zerkleinerer.

8 Pürieren Sie alles für etwa 1 Minute zu einem feinen Püree. Anschließend füllen Sie es in einen ausreichend großen Topf. Köcheln Sie das Püree bei niedriger Temperatur auf. Rühren Sie gelegentlich um, damit nichts ansetzt.

9 Nun mischen Sie die Papayastücke und den Reiswein darunter. Schmecken Sie die Suppe mit Salz und Cayennepfeffer ab.

10 Mischen Sie den Rest des gepressten Knoblauchs mit der Butter und etwas Salz. Toasten Sie in einem Toaster die Baguettescheiben und bestreichen Sie sie mit der Knoblauchbutter.

11 Erhitzen Sie in einer Pfanne das Olivenöl und braten Sie die Garnelen darin an. Füllen Sie die Suppe in Portionsschälchen und verteilen Sie die gebratenen Garnelen darüber. Zum Servieren reichen Sie das Knoblauchbaguette.

FISCHSUPPE MIT SÜẞKARTOFFELN

4 Port.

70 Min.

Mittel

Zutaten

400 g Süßkartoffeln
500 g Seelachsfilet
200 g stückige Tomaten, Konserve
600 ml Fischfond
4 Schalotten
1 Papaya
2 Möhren
1 Chilischote, rot
2 Stangen Staudensellerie
1 Lorbeerblatt
2 Gewürznelken
1 Zweig Koriander
2 EL Öl
2 EL Sherry
3 EL Cognac
1 Msp. Cayennepfeffer
Salz nach Belieben
Pfeffer nach Belieben

Nährwerte p. P.

429 kcal
38 g Kohlenhydrate
9 g Fett
37 g Eiweiß

1 Pellen Sie die Schalotten und schneiden Sie sie in grobe Stücke. Schälen Sie die Süßkartoffeln und die Möhren und schneiden Sie sie in Würfel. Entkernen Sie die Papaya und schneiden Sie das Fruchtfleisch in Würfel. Säubern Sie den Sellerie und schneiden Sie ihn in Scheiben. Säubern Sie die Chilischote und schneiden Sie sie in Ringe.

2 Erhitzen Sie das Öl in einem ausreichend großen Topf und dünsten Sie darin die Schalottenwürfel, die Papayawürfel, die Süßkartoffelwürfel, die Möhrenwürfel und die Selleriescheiben glasig an. Gießen Sie den Fischfond hinzu und geben Sie die stückigen Tomaten hinein. Verrühren Sie alle Zutaten miteinander.

3 Nun fügen Sie den Cognac, den Sherry, die Gewürznelken und den Cayennepfeffer dazu. Füllen Sie so viel Wasser in den Topf, bis alle Zutaten soeben damit bedeckt sind. Köcheln Sie die Suppe bei mittlerer Temperatur für etwa 30 Minuten.

4 Währenddessen waschen Sie den Fisch ab und tupfen ihn mit einem Küchentuch trocken. Schneiden Sie ihn in mundgerechte Stücke. Spülen Sie den Koriander ab und schütteln Sie ihn trocken. Schneiden Sie die Blätter in feine Streifen.

5 Nach der Kochzeit geben Sie die Fischstücke, den Koriander und die Chiliringe zur Suppe in den Topf. Schalten Sie die Kochstelle aus. Belassen Sie die Suppe für etwa 8 Minuten auf der abkühlenden Kochstelle, damit der Fisch darin gar zieht. Anschließend schmecken Sie noch einmal mit Salz und Pfeffer ab.

KARIBISCHE TOMATENSUPPE

4 Port.

50 Min

Mittel

Zutaten

1 kg Tomaten, sehr reif (alternativ Tomaten aus der Konserve)
125 g Zwiebeln
400 ml Gemüsebrühe
400 ml Kokosmilch
4 Frühlingszwiebeln
30 g Ingwer, frisch
2 EL Currypulver, scharf
1 Chilischote, rot
2 EL Olivenöl
3 EL Öl
1 Bund Koriander
Salz nach Belieben
Pfeffer nach Belieben
Kokoschips nach Belieben

Nährwerte p. P.

350 kcal
12 g Kohlenhydrate
31 g Fett
4 g Eiweiß

1 Schälen Sie den Ingwer und hacken Sie ihn in kleine Stücke. Pellen Sie die Zwiebeln und schneiden Sie sie in feine Würfel. Säubern Sie die Chilischote und schneiden Sie sie in kleine Stücke. Schneiden Sie die Tomaten in grobe Stücke. Rösten Sie die Kokoschips in einer Pfanne ohne Fettzugabe kurz an.

2 Erhitzen Sie das Olivenöl in einem Topf und dünsten Sie darin die Zwiebeln, den Ingwer und die Chilistücke an. Geben Sie die Tomatenstücke dazu und dünsten Sie alle Zutaten für etwa 4 Minuten. Anschließend würzen Sie mit dem Currypulver.

3 Gießen Sie die Gemüsebrühe und die Kokosmilch in den Topf. Verrühren Sie alles miteinander und kochen Sie die Suppe kurz auf. Reduzieren Sie die Temperatur auf die mittlere Stufe und köcheln Sie die Suppe für etwa 30 Minuten.

4 In der Zwischenzeit zupfen Sie das Koriandergrün ab und hacken es in feine Stücke. Säubern Sie die Frühlingszwiebeln und schneiden Sie sowohl den grünen als auch den weißen Teil in kleine Stücke. Geben Sie den Koriander und die Frühlingszwiebeln mit dem Öl in eine Schüssel und vermengen Sie alles miteinander. Würzen Sie die Zutaten mit Salz und Pfeffer.

5 Nach der Kochzeit pürieren Sie die Suppe mit einem Pürierstab. Wenn Sie möchten, können Sie sie zusätzlich durch ein Sieb geben. Würzen Sie die Suppe mit Salz und Pfeffer.

6 Zum Servieren reichen Sie das Korianderöl und die leicht gerösteten Kokoschips dazu.

CALLALOO |

SPINATSUPPE MIT KOKOSMILCH

4 Port.

30 Min.

Mittel

Zutaten

1,5 kg Spinat
2 Knoblauchzehen
300 g durchwachsener Räucherspeck
2 Zwiebeln
2 Zweige Petersilie
400 ml Kokosmilch
4 EL Pflanzenöl
1 EL Adobo Gewürz (Rezept in diesem Kochbuch)
250 ml Salzwasser
1 Prise Pfeffer
1 Prise Salz

Nährwerte p. P.

846 kcal
29 g Kohlenhydrate
66 g Fett
28 g Eiweiß

1 Waschen Sie den Spinat gut ab und geben Sie ihn in einen Topf mit etwa 250 ml leicht gesalzenem Wasser. Garen Sie den Spinat für etwa 10 Minuten. Anschließend nehmen Sie ihn mit einem Schaumlöffel heraus und geben ihn sofort in Eiswasser. So bleibt der Spinat schön grün. Stellen Sie den Kochsud zur weiteren Verwendung beiseite. Den Spinat geben Sie zum Abtropfen in ein Sieb und anschließend in eine Rührschüssel. Pürieren Sie die Blätter mit einem Stabmixer gut durch.

2 Pellen Sie die Zwiebeln und den Knoblauch und hacken Sie beides in grobe Stücke. Schneiden Sie den Speck in Würfel und spülen Sie die Petersilie ab. Schütteln Sie sie etwas trocken und hacken Sie sie in feine Stücke.

3 Erhitzen Sie das Öl in einem Topf und geben Sie den Knoblauch, die Zwiebeln und die Petersilie hinein. Dünsten Sie alles glasig an, dann fügen Sie die Speckwürfel dazu.

4 Anschließend geben Sie den pürierten Spinat in den Topf und füllen die Hälfte des Kochsuds dazu. Mischen Sie die Kokosmilch und das Adobo Gewürz hinein und würzen Sie nach Belieben mit Salz und Pfeffer.

5 Köcheln Sie die Suppe bei niedriger Temperatur für etwa 5 Minuten. Zum Servieren reichen Sie Kokosreis oder Reis mit Gemüse dazu.

KARIBISCHE KARTOFFELSUPPE

4 Port.

60 Min.

Einfach

Zutaten

1 kg Kartoffeln
½ Ananas, frisch
1 Lauchstange
1 Bund Koriandergrün
1 EL Rapsöl
1 TL Zitronensaft
1 Liter Kokosmilch, ungesüßt
250 ml Gemüsebrühe
3 EL Karibisches Curry (Gewürzmischung, Rezept in diesem Kochbuch)
etwas Salz
Cayennepfeffer nach Belieben

Nährwerte p. P.

912 kcal
67 g Kohlenhydrate
63 g Fett
12 g Eiweiß

1 Schälen Sie die Kartoffeln und schneiden Sie sie in Würfel. Säubern Sie den Lauch und schneiden Sie ihn in nicht zu dünne Ringe.

2 Erhitzen Sie das Öl in einem ausreichend großen Topf und dünsten Sie den Lauch darin an. Geben Sie die Gewürzmischung Karibisches Curry und die Kartoffelwürfel dazu. Anschließend gießen Sie die Gemüsebrühe und die Kokosmilch in den Topf und verrühren alles miteinander. Köcheln Sie die Zutaten bei mittlerer Temperatur, bis die Kartoffeln bissfest sind.

3 Nun rühren Sie den Zitronensaft dazu und würzen die Suppe nach Belieben mit Salz und eventuell mit Cayennepfeffer, wenn Sie die Speise etwas schärfer mögen. Schalten Sie die Kochstelle aus und legen Sie einen Deckel auf den Topf. Die Suppe soll einige Zeit ziehen.

4 In der Zwischenzeit schneiden Sie die Ananas in mundgerechte Stücke. Verteilen Sie die Ananaswürfel auf lange Spieße, die Sie zum Servieren über die Suppenschalen legen.

5 Spülen Sie den Koriander ab und schütteln Sie ihn trocken. Hacken Sie die Blättchen in grobe Stücke. Geben Sie die Suppe in die Servierschälchen und streuen Sie den Koriander darüber. Zum Schluss drapieren Sie den Ananasspieß auf die Schälchen.

Brote

KOKOSNUSSBROT

6 Port.

80 Min.

Leicht

Zutaten

250 g Mehl
125 g Zucker, braun + 1 TL
125 g Butter, weich
125 g Kokosnussraspel
80 ml Kokosnusswasser, alternativ Wasser
3 EL Rosinen
1 TL Vanilleextrakt
1 TL Backpulver
1 Prise Muskatnuss
1 TL Zimt
1 Prise Salz
20 Cocktailkirschen zum Belegen

Nährwerte p. P.

563 kcal
62 g Kohlenhydrate
31 g Fett
6 g Eiweiß

1 Heizen Sie den Backofen auf 160 °C vor. Fetten Sie eine Kastenform ein und bestreuen Sie den Boden und die Seitenwände mit einigen Kokosraspeln. Anschließend stellen Sie die Backform in den Kühlschrank.

2 Entnehmen Sie der übrigen Menge Kokosraspeln 4 Esslöffel und stellen Sie sie beiseite. Legen Sie 6 Cocktailkirschen zum Garnieren zurück. Die übrigen halbieren oder vierteln Sie.

3 Füllen Sie das Kokoswasser (oder das Wasser) in eine Schüssel und mischen Sie das Vanilleextrakt dazu.

4 Geben Sie alle übrigen Zutaten, außer die Kirschen, die Rosinen, dem einen Teelöffel Zucker und die 4 Esslöffel Kokosraspeln, zum Kokoswasser und verarbeiten Sie sie zu einem Teig.

5 Rühren Sie nun die Rosinen und die halbierten Kirschen in den Teig. Teilen Sie ihn in zwei Stücke auf. Rollen Sie jedes einzelne Teigstück zur Größe der Kastenform aus.

6 Legen Sie ein Teigstück in die Kastenform und drücken Sie mittig eine Mulde von einer kurzen Seite zur anderen hinein. Füllen Sie 3 Esslöffel der Kokosraspeln in die Mulde und legen Sie das zweite Teigstück darauf.

7 Bestreuen Sie die Oberfläche mit den restlichen Kokosraspeln und zusätzlich mit einem Teelöffel braunem Zucker. Verteilen Sie die restlichen Cocktailkirschen in einer Linie auf dem Teig.

8 Backen Sie das Brot für etwa 1 Stunde auf der mittleren Schiene.

BAJAN SALT BREAD | BRÖTCHEN

Mehrere 95 Min. Leicht

Zutaten

2 ¼ Tassen Wasser, lauwarm
6 ½ Tassen Mehl
1 TL Salz
2 TL Zucker
2 Pck. Trockenhefe
2 EL Pflanzenöl

Nährwerte p. Rezept

1.292 kcal
223 g Kohlenhydrate
24 g Fett
39 g Eiweiß

1 Sieben Sie die Hälfte des Mehls in eine Rührschüssel und mischen Sie die Hefe und das Salz darunter.

2 Geben Sie nach und nach das Wasser hinzu und verkneten Sie alle Zutaten sorgfältig. Dann sieben Sie das restliche Mehl hinein und kneten einen glatten Teig daraus. Stellen Sie die Schüssel für 40 Minuten zum Gehen beiseite.

3 In der Zwischenzeit heizen Sie den Backofen auf 220 °C mit Umluftfunktion vor.

4 Formen Sie aus dem Teig Brötchen und legen Sie sie auf ein mit Backpapier belegtes Blech. Backen Sie die Brötchen auf der mittleren Schiene für etwa 35 Minuten.

Hauptgerichte mit Fleisch & Geflügel

HÄHNCHEN MIT MANGO

6 Port.

90 Min.

Leicht

Zutaten

8 Hähnchenkeulen
100 ml Wasser
1 Bund Frühlingszwiebeln
3 Chilischoten, rot
2 Zitronen, unbehandelt
4 Knoblauchzehen
2 Mangos
20 ml Rum, braun
1 TL Zucker, braun
1 TL Thymian
2 EL Öl
1 Prise Salz
1 Prise Pfeffer

Nährwerte p. P.

488 kcal
13 g Kohlenhydrate
24 g Fett
51 g Eiweiß

1 Pellen Sie den Knoblauch und pressen Sie ihn in ein kleines Schälchen. Waschen Sie die Zitronen und reiben Sie die Schale ab. Anschließend pressen Sie den Saft heraus und stellen ihn beiseite. Fetten Sie eine Auflaufform mit einem Esslöffel Öl ein. Heizen Sie den Backofen auf 200 °C mit Umluftfunktion vor.

2 Würzen Sie die Hähnchenkeulen mit Salz und Pfeffer und reiben Sie die Hälfte des gepressten Knoblauchs darüber. Legen Sie die Keulen in die Auflaufform und verteilen Sie die Zitronenschale und die Hälfte des Zitronensaftes darüber.

3 Garen Sie das Fleisch auf der mittleren Schiene des Backofens für etwa 60 Minuten.

4 Währenddessen säubern Sie die Frühlingszwiebeln und schneiden sie in dünne Ringe. Schälen Sie die Mangos, entfernen Sie die Kerne und schneiden Sie sie in Spalten. Säubern Sie die Chilischoten und schneiden Sie sie in feine Stücke.

5 Erhitzen Sie 1 Esslöffel Öl in einer Pfanne und dünsten Sie darin die Chilistücke, den Rest des gepressten Knoblauchs und die Frühlingszwiebeln an. Geben Sie die Mangospalten dazu und gießen Sie den Rest des Zitronensaftes an. Schmecken Sie die Speise mit Thymian ab.

6 Richten Sie das Pfannengemüse und die Hähnchenkeulen auf einer Platte an und stellen Sie das Gericht zum Warmhalten in den Backofen.

7 Füllen Sie den Bratenfond der Hähnchenkeulen in einen Topf und geben Sie das Wasser hinzu. Kochen Sie den Fond einmal auf und geben dann den Rum und den Zucker hinein. Verteilen Sie die Soße über das Fleisch.

8 Als Beilage können Sie Reis und/oder Baguette reichen.

BAJAN MACARONI PIE |

KARIBISCHER NUDELAUFLAUF

3 Port. 45 Min. Leicht

Zutaten

200 g Cheddar-Käse, gerieben
250 g Makkaroni
80 g Schinken, gekocht
20 g Margarine
1 Paprika, grün
1 Zwiebel
1 TL Senf
2 EL Ketchup
1 EL Paniermehl
1 Prise Salz
Hot Pepper Sauce nach Belieben

Nährwerte p. P.

749 kcal
68 g Kohlenhydrate
34 g Fett
37 g Eiweiß

1 Pellen Sie die Zwiebel und schneiden Sie sie in feine Stücke. Säubern Sie die Paprika und schneiden Sie sie in kleine Würfel. Schneiden Sie den Kochschinken in kleine Würfel. Heizen Sie den Backofen auf 175 °C mit Umluftfunktion vor.

2 Kochen Sie die Nudeln nach Anleitung bissfest. Anschließend geben Sie sie zum Abtropfen in ein Sieb.

3 Erhitzen Sie die Margarine in einem Topf und dünsten Sie darin die Zwiebel- und die Paprikawürfel an. Geben Sie die Nudeln dazu und vermischen Sie alle Zutaten gut miteinander. Wiegen Sie 150 g vom geriebenen Käse ab und mischen Sie ihn unter die Nudeln.

4 Erwärmen Sie die Zutaten bei niedriger Temperatur, bis der Käse geschmolzen ist. Anschließend mischen Sie den Senf und den Ketchup dazu. Würzen Sie nach Belieben (vorsichtig) mit der Hot Pepper Sauce und dem Salz. Nun mischen Sie die Schinkenwürfel dazu.

5 Füllen Sie die Nudelmischung in eine Auflaufform. Vermischen Sie den restlichen Käse mit dem Paniermehl und bestreuen Sie den Auflauf damit.

6 Garen Sie den Auflauf auf der mittleren Schiene für etwa 15 Minuten, bis er eine goldbraune Farbe angenommen hat.

BAJAN HÄHNCHEN |

KARIBISCHES HÄHNCHENGERICHT

3 Port.

60 Min.

Leicht

Zutaten

60 g Möhren
1 Hähnchen
1 EL Ketchup
½ TL Salz
1 TL Balsamico-Essig, weiß
125 ml Balsamico-Essig, weiß
750 ml Wasser
3 Knoblauchzehen
2 Zwiebeln
20 g Butterschmalz
2 TL Zucker
3 Gewürznelken
1 Prise Zucker
1 Prise Pfeffer, weiß
1 Prise Salz

Nährwerte p. P.

250 kcal
12 g Kohlenhydrate
8 g Fett
32 g Eiweiß

1 Pellen Sie die Zwiebeln und den Knoblauch. Schneiden Sie die Zwiebeln in Würfel und hacken Sie den Knoblauch in grobe Stücke. Teilen Sie das Hähnchen in 12 Stücke. Säubern Sie die Möhren und schneiden Sie sie in feine Streifen.

2 Füllen Sie 125 Milliliter Balsamico-Essig in eine Schüssel und mischen Sie das Salz dazu. Legen Sie die Hähnchenteile in eine Schüssel, gießen Sie die Marinade auf und mischen alles gut durch. Stellen Sie die Schüssel für 15 Minuten beiseite. Anschließend geben Sie das Fleisch zum Abtropfen in ein Sieb.

3 Erhitzen Sie das Butterschmalz in einem Topf und geben Sie die Knoblauchstücke sowie den Zucker dazu. Karamellisieren Sie unter ständigem Rühren die Zutaten, bis der Knoblauch eine bräunliche Farbe angenommen hat. Anschließend holen Sie den Knoblauch heraus.

4 Geben Sie die Hähnchenteile in den Topf und braten Sie sie scharf von allen Seiten an. Danach entfernen Sie überschüssiges Fett und geben die Zwiebelwürfel hinein.

5 Gießen Sie das Wasser auf und füllen 1 Teelöffel Balsamico-Essig dazu. Geben Sie die Gewürznelken, den Ketchup, etwas Salz und Pfeffer sowie 1 Prise Zucker dazu. Vermischen Sie alle Zutaten gut miteinander. Anschließend geben Sie die Möhrenstreifen in den Topf.

6 Köcheln Sie die Speise bei mittlerer Temperatur für etwa 45 Minuten.

Tipp: Als Beilage können Sie Macaroni Pie oder Kichererbsenreis (beide Rezepte in diesem Kochbuch) reichen.

JUG-JUG | FLEISCHEINTOPF

6 Port.

1 Tag

Mittel

Zutaten

250 g Rindergulasch
250 g Schweinegulasch
1 Chilischote
1 Zwiebel
125 g Sorghumhirse (alternativ Hafer)
500 g Straucherbsen
70 g Butter
1 EL Schnittlauch
1 EL Petersilie
1 EL Thymian
2 Liter Wasser
Salz nach Belieben

Nährwerte p. P.

379 kcal
24 g Kohlenhydrate
19 g Fett
25 g Eiweiß

1 Pellen Sie die Zwiebel und schneiden Sie sie in kleine Würfel. Spülen Sie die Kräuter ab und hacken Sie sie in feine Stücke.

2 Füllen Sie das Wasser in einen ausreichend großen Topf und geben Sie das Schweinegulasch hinein. Kochen Sie es für etwa 20 Minuten bei mittlerer Hitze. Anschließend fügen Sie das Rindergulasch hinzu. Würzen Sie das Fleisch nach Belieben mit Salz.

3 Geben Sie die Straucherbsen und die ganze Chilischote in den Topf. Köcheln Sie alle Zutaten für etwa 30 Minuten, bis die Erbsen weich geworden sind. Anschließend gießen Sie die Kochflüssigkeit durch ein Sieb ab und fangen sie in einer Schüssel auf.

4 Geben Sie das Fleisch und die Erbsen in einen Mörser oder in eine Küchenmaschine und zerstampfen Sie beides.

5 Gießen Sie die Kochflüssigkeit in einen weiteren Topf und geben Sie die Zwiebeln und die Kräuter dazu. Köcheln Sie die Zutaten für etwa 5 Minuten. Dann füllen Sie nach und nach die Sorghumhirse hinein. Köcheln Sie alles unter ständigem Rühren für etwa 10 Minuten.

6 Nun geben Sie das Erbsen- und Fleischpüree in den Topf und verrühren alles miteinander. Legen Sie einen Deckel auf und köcheln Sie den Eintopf für etwa 20 Minuten bei niedriger Temperatur. Zum Schluss rühren Sie die Butter hinein.

Tipp: Als Beilage können Sie Macaroni Pie oder Kichererbsenreis (beide Rezepte in diesem Kochbuch) reichen.

HOT PEPPER POT |

SCHARFER PFEFFER-EINTOPF

4 Port.

150 Min.
+
120 Min.
Ziehzeit

Mittel

Zutaten

700 g Rinderschmorfleisch (alternativ Gulasch)
2 Chilischoten, rot
1 Gemüsezwiebel
2 Lorbeerblätter
350 g Butternut-Kürbis
2 Paprika, rot
2 Knoblauchzehen
275 ml Brühe
275 ml Kokosmilch
1 TL Pimentkörner
1 TL Thymian, frisch
1 TL Pfefferkörner, schwarz
2 EL Olivenöl
1 Prise Salz

Nährwerte p. P.

722 kcal
28 g Kohlenhydrate
48 g Fett
41 g Eiweiß

1 Schneiden Sie das Fleisch in gulaschgroße Stücke. Säubern Sie die Paprika und schneiden Sie sie in größere Streifen. Schneiden Sie das Fruchtfleisch vom Kürbis in mundgerechte Stücke. Säubern Sie die Chilischoten und hacken Sie sie in feine Stücke. Pellen Sie die Zwiebel und schneiden Sie sie in Ringe. Entfernen Sie die Schale vom Knoblauch und pressen Sie ihn in ein kleines Schälchen. Spülen Sie den Thymian ab und hacken Sie ihn in feine Stücke.

2 Geben Sie die Piment- und die Pfefferkörner in einen Mörser und zerstoßen Sie die Gewürze zu einem feinen Pulver. Mischen Sie die halbe Menge der gehackten Chilischoten zusammen mit einem Esslöffel Olivenöl dazu. Geben Sie die Mischung in eine Rührschüssel und vermischen Sie sie mit den Fleischstücken. Stellen Sie das Fleisch zugedeckt für mindestens 2 Stunden zum Ziehen beiseite.

3 Heizen Sie den Backofen auf 140 °C mit Umluftfunktion vor. Erhitzen Sie in einem ofenfesten Topf das restliche Olivenöl und braten Sie darin nach und nach die Fleischwürfel an. Geben Sie bei Bedarf etwas Öl hinzu. Das fertig angebratene Fleisch lagern Sie auf einem Teller.

4 Nachdem alle Fleischwürfel angebraten sind, geben Sie die Zwiebelscheiben, den gepressten Knoblauch, den Thymian und den Rest der Chilischote in den Topf. Köcheln Sie die Zutaten für einige Minuten, bis sie weich geworden sind.

5 Anschließend geben Sie das Fleisch wieder dazu und würzen alles mit reichlich Salz und den Lorbeerblättern. Gießen Sie die Brühe und die Kokosmilch in den Topf und verrühren Sie alles gründlich miteinander. Kochen Sie den Eintopf einmal kurz auf.

6 Decken Sie den Topf ab und stellen Sie ihn auf die unterste Schiene in den Backofen. Garen Sie die Speise für etwa 2 Stunden. Anschließend geben Sie die Paprika und den Kürbis dazu und rühren die Zutaten unter. Köcheln Sie den Eintopf für weitere 30 Minuten, bis alle Zutaten weich geworden sind.

KARIBISCHE KOKOSPFANNE

2 Port.

30 Min.

Mittel

Zutaten

150 g Reis
250 g Hähnchenbrustfilet
1 Dose Ananasringe
1 Dose Kokosmilch
1 Lauchstange
1 EL Currypulver
1 Prise Ingwerpulver
1 Prise Pfeffer
1 Prise Salz
1 EL Öl
Kokosflocken nach Belieben

Nährwerte p. P.

390 kcal
50 g Kohlenhydrate
12 g Fett
21 g Eiweiß

1 Schneiden Sie das Fleisch in feine Streifen. Säubern Sie den Lauch und schneiden Sie ihn in feine Ringe. Kochen Sie den Reis nach Packungsangabe, bis er gar ist. Geben Sie die Ananasringe zum Abtropfen in ein Sieb und fangen Sie den Saft auf. Anschließend schneiden Sie sie in Stücke.

2 Erhitzen Sie das Öl in einer Pfanne und braten Sie das Fleisch darin rundherum scharf an. Würzen Sie es mit Salz, Pfeffer, Curry und Ingwer. Geben Sie die Lauchringe dazu und verrühren Sie alles miteinander.

3 Anschließend gießen Sie die Kokosmilch in die Pfanne und köcheln alles für etwa 10 Minuten bei mittlerer Temperatur.

4 Nun geben Sie die Ananasstücke in die Pfanne und füllen etwas vom Ananassaft hinzu. Schmecken Sie die Speise noch mal mit Salz, Pfeffer, Curry und Ingwer ab.

5 Füllen Sie den Reis in eine Servierschüssel und mischen Sie nach Belieben einige Kokosflocken darunter. Richten Sie die Fleischpfanne mit dem Kokosreis auf einem Teller an.

Tipp: Auch mit gefrorener Ananas statt Beeren schmeckt dieser Smoothie zum Löffeln richtig toll.

BARBADISCHES HÄHNCHEN

4 Port.

120 Min.

Mittel

Zutaten

8 Hähnchenschenkel
3 Zwiebeln
6 Knoblauchzehen
2 Bund Schnittlauch
2 Chilischoten, rot
3 EL Thymian
2 EL Majoran
2 EL Limettensaft
3 EL Worcester-shiresauce
1 Prise Pfeffer
1 Prise Salz

Nährwerte p. P.

339 kcal
1 g Kohlenhydrate
24 g Fett
30 g Eiweiß

1 Zunächst bereiten Sie die Marinade vor. Pellen Sie die Zwiebeln und den Knoblauch und hacken Sie beides in feine Stücke. Spülen Sie den Thymian, den Schnittlauch und den Majoran ab und schneiden Sie die Blätter in feine Stücke bzw. den Schnittlauch in kleine Röllchen. Säubern Sie die Chilischoten und schneiden Sie sie in kleine Stücke. Geben Sie alles in eine Rührschüssel und füllen Sie den Limettensaft und die Worcestershiresauce dazu. Vermischen Sie alle Zutaten miteinander und würzen Sie die Marinade mit Salz und Pfeffer.

2 Legen Sie die Hähnchenschenkel in eine flache Schüssel und schneiden Sie sie mehrmals ein. Bestreichen Sie sie mit der Marinade und stellen Sie sie für 1 Stunde zum Ziehen in den Kühlschrank.

3 Heizen Sie den Backofen auf 200 °C mit Umluftfunktion vor. Legen Sie die Hähnchenschenkel auf ein Grillrost und schieben Sie unterhalb davon ein Blech hinein, um das Fett aufzufangen. Garen Sie die Hähnchenschenkel für etwa 45 Minuten, bis sie gar sind.

BAJAN KOTELETTS

4 Port.

90 Min.

Leicht

Zutaten

4 Koteletts vom Schwein oder Lamm
8 Zwiebeln
½ Paprika, rot
1 Dose stückige Tomaten
2 EL Olivenöl
1 EL Knoblauch
1 EL Thymian, getrocknet
1 TL Muskatnuss, gerieben
500 ml Wasser
etwas Worcestershiresauce
etwas Mango-Chili-Soße
etwas Angostura Bitter
etwas Salz

Nährwerte p. P.

430 kcal
28 g Kohlenhydrate
21 g Fett
30 g Eiweiß

1 Reiben Sie die Koteletts von beiden Seiten gut mit Salz ein und stellen Sie sie für etwa 10 Minuten beiseite. Anschließend spülen Sie sie ab und tupfen sie mit einem Stück Küchenpapier trocken.

2 Pellen Sie die Zwiebeln und schneiden Sie sie in halbe Ringe. Pellen Sie den Knoblauch und hacken Sie ihn in feine Stücke. Säubern Sie die Paprika und schneiden Sie sie in kleine Würfel.

3 Erhitzen Sie das Olivenöl in einer Pfanne und braten Sie die Koteletts von beiden Seiten für etwa 10 Minuten an. Nehmen Sie sie aus der Pfanne und stellen Sie sie beiseite.

4 Nun schwitzen Sie die Zwiebeln im Bratfett an und geben anschließend den Knoblauch und die Paprikawürfel hinzu. Nun füllen Sie die Tomaten in die Pfanne und würzen mit Muskatnuss und Thymian. Geben Sie wenige Spritzer der Mango-Chili-Soße hinein und rühren dann die Worcestershiresauce und den Angostura Bitter dazu. Zum Schluss füllen Sie das Wasser zur Soße und vermischen alles gut miteinander.

5 Legen Sie die Koteletts in die Pfanne und decken Sie sie ab. Garen Sie die Speise bei niedriger Temperatur für etwa 1 bis 2 Stunden, je nach Fleischbeschaffenheit. Füllen Sie zwischendurch gegebenenfalls etwas Wasser hinzu.

Tipp: Als Beilage können Sie Kokosreis oder Kartoffelpüree servieren.

SCHWEINE-COLOMBO

4 Port.

80 Min.

Leicht

Zutaten

1 kg Schweinefleisch, mager (Schulter oder Hüfte)
3 Knoblauchzehen
1 Zwiebel
2 Chilischoten, rot
3 Kartoffeln
1 Aubergine
2 Tomaten
½ TL Piment, gemahlen
1 TL Thymian, getrocknet
2 EL Pflanzenöl
1 TL Pfeffer, schwarz
2 EL Butter
1 EL Weißweinessig
1 EL Colombo Gewürzmischung (Rezept in diesem Kochbuch)
500 ml Wasser
1 Prise Salz

Nährwerte p. P.

587 kcal
19 g Kohlenhydrate
32 g Fett
53 g Eiweiß

1 Pellen Sie die Zwiebel und schneiden Sie sie in kleine Würfel. Entfernen Sie die Schale vom Knoblauch und pressen Sie ihn in ein kleines Schälchen. Säubern Sie die Chilischoten und schneiden Sie sie in feine Streifen. Schneiden Sie das Fleisch in mundgerechte Stücke. Schälen Sie die Tomaten und schneiden Sie sie in kleine Würfel.

2 Erhitzen Sie das Öl und die Butter in einem Topf und braten Sie das Fleisch darin portionsweise an. Anschließend stellen Sie es auf einem Teller beiseite.

3 Geben Sie die Zwiebelwürfel in das Bratfett und braten Sie sie kurz an. Mischen Sie den gepressten Knoblauch zu den Zwiebeln und fügen Sie die Chilistücke dazu. Würzen Sie die Zutaten mit dem Pimentpulver und dem Thymian.

4 Nun geben Sie das Fleisch wieder in den Topf und gießen 500 ml Wasser hinein. Geben Sie die restlichen Gewürze, die Tomatenstücke und den Essig dazu. Legen Sie einen Deckel auf und köcheln Sie die Speise bei niedriger Temperatur für etwa 30 Minuten.

5 In der Zwischenzeit schälen Sie die Kartoffeln und die Aubergine und schneiden beides in Würfel. Fügen Sie die Kartoffelwürfel 20 Minuten vor Ende der Kochzeit in den Topf. Am Ende der Kochzeit geben Sie die Auberginenwürfel hinein und köcheln alles für weitere 10 Minuten.

Tipp: Als Beilage können Sie Kokosreis servieren.

JAMBALAYA |

HÜHNERTOPF MIT GARNELEN

4 Port.

60 Min.

Leicht

Zutaten

2 Stck. Hühnerbrustfilet
150 g Chorizo (spanische Wurst)
250 g Reis
3 Paprika (je 1 rote, grüne, gelbe)
16 Stck. Riesengarnelen, ohne Schale
½ Bund Petersilie
3 Knoblauchzehen
3 Frühlingszwiebeln
1 Chilischote, grün
4 TL Cajun Gewürz (Rezept in diesem Kochbuch)
4 Tomaten
2 EL Tomatenmark
700 ml Hühnerbrühe
1 EL Mehl
1 EL Öl
1 EL Sesamöl
1 Prise Salz
1 Prise Pfeffer

Nährwerte p. P.

671 kcal
62 g Kohlenhydrate
20 g Fett
58 g Eiweiß

1 Schneiden Sie das Fleisch in mundgerechte Würfel und geben Sie es in eine Schüssel. Würzen Sie das Fleisch mit Salz und Pfeffer und bestäuben Sie es von allen Seiten mit Mehl.

2 Säubern Sie die Frühlingszwiebeln und schneiden Sie sie in feine Ringe. Säubern Sie die Paprika und die Chilischote und schneiden Sie beides in kleine Würfel. Pellen Sie den Knoblauch und hacken Sie ihn in feine Stücke. Entfernen Sie die Schale der Tomaten und schneiden Sie sie in Würfel. Schneiden Sie die Chorizo in Scheiben.

3 Erhitzen Sie das Öl in einer großen Pfanne und braten Sie das Fleisch darin an. Nehmen Sie die Fleischwürfel wieder heraus und stellen Sie sie abgedeckt beiseite.

4 Anschließend geben Sie das Cajun Gewürz in das Bratfett und braten dann die Zwiebelwürfel und den Knoblauch darin an. Geben Sie die Wurstscheiben dazu und rühren Sie das Tomatenmark darunter.

5 Nun geben Sie die Paprika- und die Chiliwürfel dazu und verrühren alles miteinander. Zum Schluss fügen Sie die Tomaten sowie den Reis hinein und füllen vorerst 500 ml Brühe dazu. Köcheln Sie die Speise bei mittlerer Temperatur für etwa 25 Minuten, bis der Reis gar ist. Rühren Sie zwischendurch immer wieder um und füllen Sie bei Bedarf etwas Brühe hinzu.

6 In der Zwischenzeit erhitzen Sie das Sesamöl in einer weiteren Pfanne und braten die Garnelen darin rundherum an. Anschließend lagern Sie sie bei den Fleischwürfeln zwischen. Spülen Sie die Petersilie ab und hacken Sie die Blätter in feine Stücke.

7 Wenn der Reis gar ist, geben Sie das Fleisch und die Garnelen in die Pfanne und köcheln alles für wenige Minuten.

8 Zum Servieren geben Sie das Jambalaya in eine Schüssel und garnieren es mit der Petersilie.

Hauptgerichte mit Fisch & Meeresfrüchten

BAJAN THUNFISCH |

KARIBISCHES FISCHGERICHT

3 Port.

45 Min.

Leicht

Zutaten

3 Stck. Thunfischsteaks
40 g Butter + eine kleine Menge zum Einfetten
400 g Tomaten, sehr reif (alternativ stückige Tomaten aus der Konserve)
2 Knoblauchzehen
1 Gemüsezwiebel
1 EL Petersilie, getrocknet
1 EL Majoran, getrocknet
1 EL Thymian, getrocknet
1 Prise Pfeffer
1 Prise Salz

Nährwerte p. P.

315 kcal
13 g Kohlenhydrate
12 g Fett
36 g Eiweiß

1 Heizen Sie den Backofen auf 175 °C mit Umluftfunktion vor. Pellen Sie die Gemüsezwiebel, halbieren Sie sie und schneiden Sie sie anschließend in dünne Scheiben. Pellen Sie den Knoblauch und hacken Sie ihn in feine Stücke. Fetten Sie eine Auflaufform mit der Butter ein.

2 Verteilen Sie die Zwiebelscheiben in der Auflaufform und legen Sie die Thunfischfilets darauf. Würzen Sie den Fisch mit Salz und Pfeffer.

3 Schneiden Sie die Tomaten in Scheiben und belegen Sie jedes einzelne Thunfischfilet damit. Würzen Sie nochmals mit Salz und Pfeffer. Bestreuen Sie die Oberfläche mit den Kräutern (Sie können auch frische Kräuter verwenden) und den Knoblauchstücken. Anschließend verteilen Sie die Butter in kleinen Flöckchen auf den Fischfilets.

4 Garen Sie die Speise auf der mittleren Schiene für etwa 20 bis 25 Minuten.

KARIBISCHES FISCHGERICHT

4 Port.

60 Min.

Mittel

Zutaten

8 Fischfilets (fliegender Fisch, Dorade, Red Snapper oder Mahi-Mahi)
6 Knoblauchzehen
1 Zwiebel
3 Limetten
1 Paprika, grün
1 Fleischtomate
1 TL Tabascosauce
3 TL Margarine
½ TL Currypulver
1 EL Salz
1 TL Petersilie, frisch
Thymianzweige, frisch, nach Belieben
Majoranzweige, frisch, nach Belieben
3 EL Würzsoße (Rezept in diesem Kochbuch)
2 Tassen Wasser

Nährwerte p. P.

417 kcal
8 g Kohlenhydrate
16 g Fett
59 g Eiweiß

1 Pellen Sie die Zwiebel und schneiden Sie sie in feine Streifen. Entfernen Sie die Schale vom Knoblauch und hacken Sie ihn in feine Stücke. Säubern Sie die Paprika und schneiden Sie sie in Streifen. Spülen Sie die Petersilie ab und hacken Sie sie in feine Stücke. Waschen Sie die Tomate und schneiden Sie sie in Würfel. Pressen Sie den Saft aus den Limetten.

2 Geben Sie den Limettensaft in eine längliche Schale und würzen Sie ihn mit dem Salz. Legen Sie die Fischfilets für etwa 10 Minuten zum Marinieren hinein.

3 Anschließend nehmen Sie den Fisch heraus und spülen ihn kurz ab. Trocknen Sie die Filets mit Küchenpapier. Nun reiben Sie den Fisch von beiden Seiten mit der Würzsoße ein. Rollen Sie ihn wie eine Roulade auf und stecken Sie das Ende mit einem Zahnstocher fest.

4 Erhitzen Sie die Margarine in einem Topf und dünsten Sie die Zwiebeln und den Knoblauch darin glasig an. Geben Sie die Tomatenstücke und die Petersilie dazu. Dünsten Sie die Zutaten unter Rühren für etwa 2 Minuten. Nun geben Sie die Thymian- und Majoranzweige hinein. Danach fügen Sie alle übrigen Zutaten, außer die Fischfilets, dazu und köcheln alles bei niedriger Temperatur für etwa 10 Minuten.

5 Anschließend legen Sie die Fischfilets in den Topf und decken ihn mit einem Deckel ab. Köcheln Sie alles für weitere 10 Minuten. Vor dem Servieren entfernen Sie die Thymian- und Majoranzweige.

Tipp: Als Beilage können Sie Cou-Cou servieren.

RED SNAPPER, EINGELEGT

4 Port.

30 Min. + 12 Std. Ruhezeit

Leicht

Zutaten

800 g Fischfilet (Red Snapper, Seeteufel o. Ä.)
100 g Schalotten
300 g Aubergine
80 g Butter
1 Orange
1 Paprika, grün
2 Lorbeerblätter
3 EL Essig
5 EL Öl
1 Prise Salz
1 Prise Pfeffer

Nährwerte p. P.

538 kcal
8 g Kohlenhydrate
37 g Fett
40 g Eiweiß

1 Erhitzen Sie die Butter in einer Pfanne und braten Sie darin den Fisch, bis er eine goldgelbe Farbe angenommen hat. Anschließend legen Sie ihn in eine Auflaufform.

2 Säubern Sie die Paprika und schneiden Sie sie in kleine Würfel. Pellen Sie die Schalotten und schneiden Sie sie in kleine Würfel. Pressen Sie den Saft aus der Orange. Schneiden Sie das Fruchtfleisch der Aubergine in kleine Würfel.

3 Füllen Sie den Essig, den Orangensaft und das Öl in eine Schüssel und vermischen Sie alles miteinander. Geben Sie die Schalottenwürfel, die Paprikawürfel, die Auberginenstücke und die Lorbeerblätter dazu. Würzen Sie nach Belieben mit Salz und Pfeffer und verrühren Sie alles miteinander.

4 Gießen Sie die Marinade in die Auflaufform mit dem Fisch. Stellen Sie die Form für mindestens 12 Stunden in den Kühlschrank.

5 Zum Servieren können Sie ein warmes Baguette dazu reichen.

FISH CAKE |

FISCHFRIKADELLEN

2 Port.

30 Min.

Leicht

Zutaten

500 g Kabeljau-Filet
1 Zwiebel
1 TL Backpulver
1 Tasse Mehl
1 Tasse Wasser
1 Ei
1 Peperoni
Petersilie, Majoran, Thymian, frisch, nach Belieben
2 x 6 Tassen Wasser zum Kochen des Fisches
ausreichende Menge Öl zum Frittieren

Nährwerte p. P.

452 kcal
39 g Kohlenhydrate
6 g Fett
58 g Eiweiß

1 Bringen Sie 6 Tassen Wasser zum Kochen und geben Sie den Fisch für etwa 4 Minuten hinein. Anschließend gießen Sie das Kochwasser weg und füllen erneut 6 Tassen Wasser in den Topf. Bringen Sie es zum Kochen und garen Sie den Fisch für weitere 3 Minuten. Nun nehmen Sie den Fisch heraus und zerdrücken ihn in einer Rührschüssel.

2 Pellen Sie die Zwiebel und schneiden Sie sie in kleine Würfel. Geben Sie das Ei auf einen tiefen Teller und verquirlen Sie es mit einer Gabel. Säubern Sie die Peperoni und schneiden Sie sie in feine Würfel. Spülen Sie die Kräuter ab und hacken Sie sie in feine Stücke.

3 Geben Sie alle anderen Zutaten zu dem zerkleinerten Fisch in die Rührschüssel und vermengen Sie alles zu einem dickflüssigen Teig. Wenn Sie die Konsistenz verändern möchten, geben Sie entweder etwas Wasser oder Mehl hinzu.

4 Erhitzen Sie das Öl in einem ausreichend großen Topf. Stellen Sie die Temperatur auf eine mittlere Stufe. Geben Sie teelöffelweise den Teig in das Öl und frittieren Sie die Fischfrikadellen, bis sie eine goldbraune Farbe angenommen haben.

5 Nach dem Frittieren legen Sie die Fischfrikadellen zum Entfetten auf ein Stück Küchenpapier.

Tipp: Sie können die Bajan-Pfeffersoße (Rezept in diesem Kochbuch) dazu servieren.

ROTBARBE MIT ANANAS

4 Port.

60 Min.

Leicht

Zutaten

4 Rotbarben-Filets (à ca. 125 g)
100 g Butter
100 g Cashewkerne
3 Chilischoten, rot
3 Knoblauchzehen
1 Baguette
1 Ananas
2 EL Schnittlauch, frisch
Pfeffer nach Belieben
Salz nach Belieben

Nährwerte p. P.

646 kcal
37 g Kohlenhydrate
39 g Fett
35 g Eiweiß

1 Heizen Sie den Backofen auf 200 °C mit Umluftfunktion vor. Pellen Sie den Knoblauch und pressen Sie ihn in eine kleine Schale. Mischen Sie die halbe Menge der Butter dazu und würzen Sie die Masse mit Salz und Pfeffer.

2 Schneiden Sie das Baguette in schräge Scheiben und bestreichen Sie sie mit der Knoblauchbutter. Legen Sie die Brotscheiben auf ein mit Backpapier belegtes Blech und backen Sie sie für etwa 10 Minuten auf der mittleren Schiene.

3 In der Zwischenzeit schälen Sie die Ananas und schneiden sie in Scheiben. Säubern Sie die Chilischoten und schneiden Sie sie in feine Streifen. Hacken Sie die Nüsse nach Belieben klein. Spülen Sie den Schnittlauch ab und schneiden Sie ihn in kleine Röllchen.

4 Waschen Sie den Fisch ab und tupfen Sie ihn mit Küchenpapier trocken. Würzen Sie die Filetstücke mit Salz und Pfeffer. Teilen Sie die restliche Butter auf 2 Pfannen auf und erhitzen Sie sie. Braten Sie in der einen Pfanne den Fisch von beiden Seiten, bis er gar ist, und in der anderen Pfanne die Ananasscheiben, ebenfalls von beiden Seiten, bis sie eine goldbraune Farbe angenommen haben.

5 Geben Sie die Chilistreifen und die Cashewkerne zu den Ananasscheiben in die Pfanne und würzen Sie alles mit Salz und Pfeffer.

6 Richten Sie die Fischfilets mit dem Knoblauchbrot und den Ananasscheiben auf einem Teller an und streuen Sie den Schnittlauch darüber.

CEVICHE |

KARIBISCHE FISCHSPEISE

4 Port.

60 Min.
+
3 Std.
Ziehzeit

Leicht

Zutaten

400 g Fischfilet (Rotbarsch, Seeteufel o. Ä.)
4 Knoblauchzehen
1 Zwiebel
½ Bund Koriandergrün
3 Zitronen
3 Orangen
1 Chilischote
4 EL Öl
1 Prise Salz

Nährwerte p. P.

262 kcal
11 g Kohlenhydrate
14 g Fett
21 g Eiweiß

1 Pellen Sie die Zwiebel und schneiden Sie sie in kleine Würfel. Pellen Sie den Knoblauch und pressen Sie ihn in ein kleines Schälchen. Säubern Sie die Chilischote und schneiden Sie sie in feine Ringe. Spülen Sie den Koriander ab und hacken Sie die Blätter in feine Stücke. Pressen Sie den Saft aus den Zitronen und den Orangen. Schneiden Sie die Fischfilets in mundgerechte Stücke und geben Sie sie in eine große Rührschüssel.

2 Geben Sie das Öl, den Koriander, den gepressten Knoblauch, den Zitronen- und Orangensaft, die Chiliringe und die Zwiebelstücke mit etwas Salz in eine weitere Schüssel und vermischen Sie alle Zutaten miteinander. Geben Sie die Marinade über die Fischstücke und vermengen Sie beides. Stellen Sie die Schüssel für 2 bis 3 Stunden zugedeckt in den Kühlschrank.

Tipp: Diese Speise wird mit rohem Fisch zubereitet. Wenn Sie dies nicht mögen, können Sie den Fisch vorher garen.

Vegetarische/vegane Hauptgerichte

Barbadische vegetarische oder vegane Rezepte gibt es nicht. Es gibt Speisen, die ohne Fleisch zubereitet werden, als Rezept wurden aber nur diese zwei gefunden und aufgeführt. Ansonsten sind es eher die Beilagen oder Salate, die fleischlos zubereitet werden, aber nicht unbedingt vegan sind.

SWEET POTATO PIE |

SÜẞKARTOFFEL-AUFLAUF (VEGETARISCH)

4 Port.

85 Min.

Leicht

Zutaten

1 Dose Ananas in Scheiben
1 kg Süßkartoffeln
50 g Butter
50 ml Milch
1 TL Zimt
1 TL Salz
Wasser zum Kochen

Nährwerte p. P.

452 kcal
76 g Kohlenhydrate
13 g Fett
5 g Eiweiß

1 Schälen Sie die Süßkartoffeln und schneiden Sie sie in kleine Stücke. Heizen Sie den Backofen auf 175 °C mit Umluftfunktion vor.

2 Kochen Sie eine ausreichende Menge Wasser auf und fügen Sie das Salz dazu. Geben Sie die Kartoffelstücke hinein und kochen Sie sie für etwa 20 Minuten, bis sie weich sind.

3 Währenddessen geben Sie die Butter und die Milch in einen Topf und erwärmen sie.

4 Nach der Kochzeit gießen Sie die Kartoffeln durch ein Sieb und geben sie in eine Schüssel. Zerstampfen Sie die Kartoffeln zu einem Brei. Geben Sie währenddessen die Buttermilch und etwas Ananassaft aus der Konserve dazu.

5 Fetten Sie eine Auflaufform ein und belegen Sie den Boden mit der halben Menge der Ananasscheiben. Verteilen Sie darauf den Kartoffelbrei und bestreuen die Oberfläche mit dem Zimt. Dann belegen Sie den Auflauf mit den übrigen Ananasscheiben.

KOCHBANANEN-TOPF MIT SPINAT (VEGETARISCH)

6 Port.

45 Min.

Leicht

Zutaten

3 Stangen Lauch
1,5 kg Spinat
1 kg Kochbananen
1 Chilischote, rot
5 Knoblauchzehen
1 EL Colombo Gewürz (Rezept in diesem Kochbuch)
Saft von 1 Limette
1 Prise Salz
etwas Wasser

Nährwerte p. P.

411 kcal
67 g Kohlenhydrate
8 g Fett
12 g Eiweiß

1 Schälen Sie die Bananen und schneiden Sie sie in Scheiben. Geben Sie die Bananenscheiben in einen Topf und füllen etwas Wasser hinein. Köcheln Sie die Bananen bei mittlerer Temperatur für etwa 15 Minuten.

2 In der Zwischenzeit spülen Sie den Spinat ab und geben ihn zum Abtropfen in ein Sieb. Pellen Sie den Knoblauch und hacken Sie ihn in feine Stücke. Säubern Sie den Lauch und schneiden Sie ihn in feine Ringe. Spülen Sie die Chilischote ab und stechen Sie sie mit einer Gabel mehrmals ein.

3 Nach der Kochzeit geben Sie den Spinat und den Lauch zu den Bananen in den Topf. Füllen Sie den Limettensaft, die Chilischote und das Colombo Gewürz dazu und verrühren Sie alles vorsichtig miteinander.

4 Köcheln Sie den Eintopf für weitere 15 Minuten. Vor dem Servieren entnehmen Sie die Chilischote und würzen noch einmal mit Salz nach.

Beilagen

KICHERERBSENREIS

3 Port.

120 Min.

Leicht

Zutaten

125 g Reis
125 g Kichererbsen, getrocknet
1 Zwiebel
750 ml Wasser
1 Prise Salz

Nährwerte p. P.

263 kcal
52 g Kohlenhydrate
1 g Fett
13 g Eiweiß

1 Geben Sie die Erbsen in einen Topf und füllen Sie ½ Liter Wasser auf. Stellen Sie den Topf zum Einweichen über Nacht beiseite.

2 Am nächsten Tag kochen Sie die Erbsen samt dem Einweichwasser kurz auf und reduzieren anschließend die Temperatur auf die niedrigste Stufe. Köcheln Sie die Erbsen für etwa 30 Minuten, bis sie fast gar sind.

3 Währenddessen pellen Sie die Zwiebel und schneiden sie in kleine Würfel.

4 Geben Sie den Reis und die Zwiebelwürfel in den Topf. Füllen Sie ¼ Liter Wasser hinzu und würzen Sie mit etwas Salz. Kochen Sie die Speise einmal kurz auf.

5 Legen Sie einen Deckel auf den Topf und köcheln Sie den Reis bei niedriger Temperatur, bis er gar ist.

6 Zum Servieren richten Sie den Reis in einer Servierschüssel an.

COU-COU |

BEILAGE AUS OKRASCHOTEN

4 Port.

60 Min. + 24 Std. Einweichzeit

Mittel

Zutaten

500 g Maismehl
15 Okraschoten, getrocknet
4 Tassen Wasser
3 EL Margarine
5 Knoblauchzehen
1 Zwiebel
6 Tassen Wasser
1 Prise Salz

Nährwerte p. P.

528 kcal
88 g Kohlenhydrate
13 g Fett
13 g Eiweiß

1 Legen Sie die Okraschoten in eine Schüssel und füllen Sie 4 Tassen Wasser hinzu. Stellen Sie sie für einen Tag zum Einweichen beiseite.

2 Am Zubereitungstag pellen Sie zunächst die Zwiebel und den Knoblauch. Schneiden Sie beides in feine Stücke.

3 Spülen Sie die Okraschoten ab und entfernen den Stielansatz sowie die Spitze. Schneiden Sie sie in dicke Scheiben. Geben Sie die Okrascheiben in einen Topf, füllen Sie 2 Tassen Wasser, die Margarine, die Zwiebeln, etwas Salz und den Knoblauch dazu und köcheln Sie alles für 15 Minuten bei mittlerer Temperatur.

4 In der Zwischenzeit geben Sie das Maismehl in eine Schüssel und füllen 4 Tassen Wasser dazu. Verrühren Sie die Zutaten miteinander und stellen Sie die Schüssel zum Einweichen für 15 Minuten beiseite.

5 Nach der Kochzeit der Okraschoten nehmen Sie die Okraschoten aus dem Kochwasser und gießen etwa ¾ der Menge in eine separate Schüssel. Dann stellen Sie den Topf bei niedriger Temperatur wieder auf die Kochstelle.

6 Füllen Sie nach und nach unter ständigem Rühren das Maismehl in den Topf. Anschließend füllen Sie die beiseitegestellte Kochflüssigkeit langsam hinein und geben die Okraschoten wieder in den Topf. Rühren Sie dabei immer wieder um.

7 Köcheln Sie den Brei unter Rühren für etwa 10 Minuten. Die Speise soll samtig und fest werden.

KÜRBIS-KARTOFFELKROKETTEN

4 Port.

60 Min.

Mittel

Zutaten

300 g Kürbis, festfleischig
1 Zwiebel
2 Kartoffeln
2 Frühlingszwiebeln
1 Knoblauchzehe
2 Zweige Petersilie
½ Chilischote, rot
2 Eier
½ TL Backpulver
1 Prise Pfeffer
1 Prise Salz
1 Liter Pflanzenöl zum Frittieren

Nährwerte p. P.

142 kcal
20 g Kohlenhydrate
4 g Fett
5 g Eiweiß

1 Schälen und entkernen Sie den Kürbis und wiegen Sie die benötigte Menge ab. Schälen Sie die Kartoffeln und raspeln Sie sie mit einer Reibe grob durch. Auch den Kürbis reiben Sie entsprechend durch.

2 Pellen Sie die Zwiebel und den Knoblauch und schneiden Sie beides in kleine Würfel. Säubern Sie die Frühlingszwiebeln und die Chilischote und schneiden Sie beides in kleine Stücke. Spülen Sie die Petersilie ab und schütteln Sie sie trocken. Anschließend hacken Sie sie in kleine Stücke.

3 Geben Sie den geriebenen Kürbis und die geriebenen Kartoffeln in eine Rührschüssel. Fügen Sie die Zwiebelwürfel, die Frühlingszwiebelstücke, die Knoblauchstücke, die Petersilie, die Chiliringe sowie die Eier bei und vermischen Sie alles miteinander. Schmecken Sie den Teig mit Salz und Pfeffer ab und stellen Sie ihn für etwa 30 Minuten in den Kühlschrank.

4 Nach der Ruhezeit mischen Sie das Backpulver in den Teig. Erhitzen Sie das Öl in einem geeigneten Topf. Geben Sie teelöffelweise den Teig hinein und frittieren Sie die Kroketten, bis sie eine goldgelbe Farbe angenommen haben. Anschließend legen Sie sie zum Entfetten auf ein Stück Küchenpapier.

5 Sie können die Kroketten als heiße Beilage servieren oder kalt als Snack genießen.

Fingerfood & Snacks

Fingerfood und Snacks werden in der Regel von kleinen Restaurants und Streetfood-Geschäften auf Barbados angeboten. Solche sind zahlreich vorhanden, aber in der privaten barbadischen Küche gibt es solche Gerichte eher nicht.

MANGO FRITTERS |

FRITTIERTE MANGO

4 Port.

25 Min.

Leicht

Zutaten

1 Liter Öl zum Frittieren
250 ml Milch
2 EL Zitronensaft
2 EL Rosinen
1 Ei
100 g Mehl
2 EL Mandeln, geraspelt
½ TL Backpulver
1 Prise Salz
500 g Mango, frisch
etwas Puderzucker zum Bestäuben

Nährwerte p. P.

259 kcal
40 g Kohlenhydrate
7 g Fett
7 g Eiweiß

1 Schälen Sie die Mangos und schneiden Sie sie in feine Scheiben. Füllen Sie den Zitronensaft in eine Schüssel und legen Sie die Mangoscheiben hinein. Erhitzen Sie das Öl in einem ausreichend großen Topf.

2 Geben Sie das Mehl, das Salz und das Backpulver in eine Rührschüssel und vermischen Sie alles miteinander. Fügen Sie die Rosinen, die Mandeln und das Ei dazu. Nun füllen Sie nach und nach und unter Rühren die Milch dazu, bis ein dickflüssiger Teig entsteht.

3 Tauchen Sie jede einzelne Mangoscheibe in den Teig und legen Sie sie anschließend in das heiße Öl. Backen Sie sie aus, bis sie eine goldbraune Farbe angenommen haben. Anschließend legen Sie sie zum Entfetten auf ein Stück Küchenpapier. Verfahren Sie fort, bis Sie alle Mangoscheiben frittiert haben.

4 Zum Servieren streuen Sie etwas Puderzucker darüber. Die frittierten Mangos sollten noch heiß genossen werden.

Tipp: Auch mit gefrorener Ananas statt Beeren schmeckt dieser Smoothie zum Löffeln richtig toll.

Desserts/Kuchen

KOKOS-PIE |

KOKOSNUSSKUCHEN

12 Port. 90 Min. Mittel

Zutaten

Teig:

100 g Zucker
200 g Butter, kalt
300 g Mehl
1 Eigelb
Wasser nach Bedarf

Belag:

100 g Zucker
4 Eier
50 g Kokosflocken, getrocknet
1 Kokosnuss (ca. 1 kg)
8 EL Kondensmilch
1 Prise Salz
20 g Butter, zerlassen

Nährwerte p. P.

532 kcal
38 g Kohlenhydrate
38 g Fett
7 g Eiweiß

1 Zunächst bereiten Sie den Teig vor. Geben Sie dafür das Mehl in eine Rührschüssel und setzen die Butter in kleinen Flöckchen darauf. Fügen Sie den Zucker und das Eigelb hinzu und kneten Sie aus den Zutaten zügig einen Mürbeteig. Sollte der Teig zu fest werden, geben Sie etwas Wasser dazu. Anschließend formen Sie den Teig zu einer Kugel, wickeln ihn in Frischhaltefolie ein und stellen ihn für 30 Minuten in den Kühlschrank.

2 In der Zwischenzeit bohren Sie die Kokosnuss an. Stechen Sie dazu an zwei der Kokosnussaugen mit einem Messer hinein und gießen das Wasser in eine Schüssel. Nun klopfen Sie, am besten mit einem Hammer, so lange rundherum auf die Nussschale, bis sie auseinanderbricht. Entfernen Sie die harte Schale und schälen Sie anschließend die braune Haut vom Fruchtfleisch ab.

3 Wiegen Sie 300 g vom Fruchtfleisch der Kokosnuss ab und schneiden Sie es in kleine Stücke. Vermischen Sie sie mit 6 Esslöffeln der Kondensmilch. Anschließend geben Sie die Kokosnuss mit der Kondensmilch nach und nach in einen elektrischen Zerkleinerer und pürieren alles grob durch. Stellen Sie die Masse zur weiteren Verwendung beiseite.

4 Erhitzen Sie eine Pfanne ohne Fettzugabe und rösten Sie darin die Kokosflocken an. Rühren Sie ständig um, bis sie eine goldbraune Farbe angenommen haben. Stellen Sie die Pfanne zum Abkühlen beiseite. Heizen Sie den Backofen auf 175 °C mit Umluftfunktion vor.

5 Währenddessen geben Sie die Eier, den Zucker und die übrige Kondensmilch in eine Rührschüssel. Verrühren Sie alle Zutaten, bis eine schaumige Masse entsteht. Danach mischen Sie die Butter und das Salz dazu. Nun geben Sie die pürierte Kokosnuss und die gerösteten Kokosflocken hinein und vermengen alles gut miteinander.

6 Fetten Sie eine Pie-Form ein und bereiten Sie eine Arbeitsfläche mit Mehl vor. Rollen Sie den Teig darauf aus, bis er etwas größer als die Pie-Form ist. Setzen Sie den Teig in die Form. Füllen Sie sie bis zum Rand komplett mit dem Teig aus. Verteilen Sie die Kokosmischung darauf und streichen Sie sie mit einem Messer oder Löffel glatt.

7 Backen Sie den Kuchen auf der mittleren Schiene für etwa 25 bis 30 Minuten, bis er eine goldbraune Farbe angenommen hat.

PITCH LAKE PUDDING |

KARIBISCHE SÜẞSPEISE

4 Port.

20 Min.
+
180 Min.
Kühlzeit

Mittel

Zutaten

200 g Kakao, ungesüßt
150 g Butter
200 g Puderzucker
6 Eier
50 ml Kaffee, schwarz und sehr stark
3 EL Grand Marnier
1 Prise Salz

Nährwerte p. P.

761 kcal
55 g Kohlenhydrate
49 g Fett
17 g Eiweiß

1 Trennen Sie die Eier und geben Sie das Eigelb und die Butter in eine Schale für ein Wasserbad. Bereiten Sie den Topf für das Wasserbad vor und schlagen Sie die Zutaten darin auf, bis sie schaumig sind.

2 Nun rühren Sie nach und nach den Kaffee dazu. Rühren Sie dabei immer um. Anschließend fügen Sie den Puderzucker und den Kakao jeweils in kleinen Portionen und unter ständigem Rühren dazu. Schmecken Sie die Speise mit Grand Marnier ab.

3 Geben Sie das Eiweiß mit dem Salz in eine Rührschüssel und schlagen Sie es zu einem steifen Schnee.

4 Zunächst mischen Sie etwa ¼ des Eischnees in die Kakaomasse. Anschließend heben Sie vorsichtig den Rest darunter.

5 Verteilen Sie den Pudding auf 4 Dessertschälchen. Stellen Sie sie für mindestens 3 Stunden in den Kühlschrank, damit der Pudding fest wird.

WARMER ZITRONENPUDDING

2 Port.

55 Min.

Leicht

Zutaten

100 ml Milch
40 ml Sahne
30 ml Zitronensaft
50 g Zucker
25 g Butter
40 g Soft-Aprikosen
25 g Mehl
¼ TL Backpulver
1 Ei
2 TL Zitronenschale, gerieben
1 Liter Wasser

Nährwerte p. P.

435 kcal
57 g Kohlenhydrate
20 g Fett
6 g Eiweiß

1 Schneiden Sie die Soft-Aprikosen in kleine Würfel. Trennen Sie das Ei und stellen Sie beides für später beiseite. Heizen Sie den Backofen auf 180 °C mit Ober- und Unterhitze vor.

2 Geben Sie die Butter und den Zucker in eine Rührschüssel. Rühren Sie mit einem Handrührgerät beide Zutaten so lange durch, bis eine schaumige Masse entsteht.

3 Fügen Sie nach und nach unter ständigem Rühren das Eigelb, die Sahne, die Milch, den Zitronensaft, die Zitronenschale, das Mehl und das Backpulver dazu.

4 Geben Sie das Eiweiß in eine zweite Rührschüssel und schlagen Sie es zu einer steifen Masse. Heben Sie den Eischnee vorsichtig unter die Zitronen-Milch-Mischung. Anschließend mischen Sie die Aprikosenwürfel darunter.

5 Füllen Sie die Masse in eine Auflaufform. Schieben Sie ein mit 1 Liter Wasser befülltes tiefes Backblech auf die untere Schiene des Backofens. Stellen Sie die Auflaufform in das Wasser und backen Sie den Pudding für etwa 35 Minuten.

6 Anschließend stellen Sie den Pudding für kurze Zeit zum Abkühlen beiseite. Danach können Sie ihn auf kleine Schälchen verteilen.

CASSAVA PONE | MANIOKKUCHEN

12 Port.

90 Min.

Leicht

Zutaten

500 g Maniokwurzel
250 g Zucker, braun
240 ml Kokosmilch
240 ml Milch
75 g Kokosraspeln
75 g Rosinen
½ TL Muskatnuss, gerieben
2 EL Butter, zerlassen
1 TL Vanillemark
1 TL Zimt
1 TL Ingwer, fein gehackt
1 Prise Salz

Nährwerte p. P.

293 kcal
44 g Kohlenhydrate
11 g Fett
2 g Eiweiß

1 Heizen Sie den Backofen auf 180 °C mit Umluftfunktion vor. Fetten Sie eine Auflauf- oder Kastenform ein.

2 Schälen Sie die Maniokwurzel und reiben Sie sie mit einer Küchenreibe in eine Rührschüssel. Gießen Sie die Milch und die Kokosmilch dazu und vermischen Sie alles miteinander. Geben Sie den Zucker, die Kokosraspeln, die Rosinen, die Muskatnuss, die Butter, das Vanillemark, den Zimt, den Ingwer und das Salz dazu und verrühren Sie alle Zutaten zu einem geschmeidigen Teig.

3 Füllen Sie den Teig in die Backform und backen Sie ihn für etwa 1 Stunde im Backofen, bis er eine goldbraune Farbe angenommen hat.

4 Nach der Backzeit stürzen Sie den Kuchen zum Abkühlen auf ein Rost.

BARBADISCHE APFELTORTE

12 Port.

90 Min.

Leicht

Zutaten

Teig:

200 g Mehl
100 g Zucker
100 g Butter
2 Eier
3 EL Zitronensaft
2 TL Backpulver
1 Prise Salz

Belag:

100 g Zucker
75 g Kokosraspeln
100 g Butter
3 Eier
3 EL Zitronensaft
750 g Äpfel

Nährwerte p. P.

358 kcal
39 g Kohlenhydrate
20 g Fett
4 g Eiweiß

1 Heizen Sie den Backofen auf 175 °C mit Umluftfunktion vor und fetten Sie eine Springform ein.

2 Geben Sie alle Zutaten für den Teig in eine Rührschüssel und stellen Sie daraus einen Rührteig her. Füllen Sie den Teig in die Springform und streichen Sie ihn am Rand etwas hoch.

3 Anschließend stellen Sie den Belag her, indem Sie die Butter, den Zucker und die Eier in einer Rührschüssel schaumig schlagen. Nun rühren Sie die Kokosraspeln darunter.

4 Schälen Sie die Äpfel und raspeln Sie sie grob mit einer Reibe in eine Schüssel. Träufeln Sie den Zitronensaft dazu und vermischen Sie alles miteinander.

5 Vermischen Sie die geriebenen Äpfel mit der Kokosmasse und streichen Sie den Belag auf den Teigboden in der Springform.

6 Backen Sie die Apfeltorte für etwa 60 bis 70 Minuten auf der mittleren Schiene.

KOKOS-KAFFEE-CREME

4 Port.

60 Min.

Leicht

Zutaten

40 ml Rum
330 ml Kokosmilch
5 Eigelbe
3 TL Mascobadozucker (unraffinierter Vollrohrzucker)
2 TL lösliches Kaffeepulver
2 cm Vanilleschote

Nährwerte p. P.

347 kcal
9 g Kohlenhydrate
28 g Fett
6 g Eiweiß

1 Füllen Sie die Kokosmilch in eine Rührschüssel und geben Sie den löslichen Kaffee dazu. Kratzen Sie die Vanilleschote aus und rühren Sie das Mark in die Kokosmilchmischung. Geben Sie den Zucker und den Rum dazu und vermischen Sie die Zutaten mit den Eigelben.

2 Füllen Sie die Creme in hitzebeständige Gläser oder Förmchen und decken Sie ein Stück Alufolie darüber.

3 Erhitzen Sie etwas Wasser in einem Topf und stellen Sie die Gläser/Förmchen hinein. Dämpfen Sie die Speise bei etwa 90 °C für etwa 25 Minuten. Stellen Sie die Förmchen zum Abkühlen beiseite und anschließend in den Kühlschrank, bis die Creme fest geworden ist.

Tipp: Dieses georgische Gericht wird mit einer speziellen Kräutermischung aus dem Kaukasus zubereitet. Für Khmeli Suneli mischen Sie

Getränke

KARIBISCHER FRUCHTCOCKTAIL

1 Port.

10 Min.

Leicht

Zutaten

60 ml Maracujalikör
125 ml Ananassaft
125 ml Orangensaft
30 ml Rum, braun
5 Eiswürfel
1 Stck. Ananas zum Garnieren

Nährwerte p. P.

405 kcal
43 g Kohlenhydrate
0 g Fett
3 g Eiweiß

1 Geben Sie die Eiswürfel in ein ausreichend großes Glas.

2 Füllen Sie den Maracujalikör und den Rum hinein.

3 Anschließend füllen Sie den Orangen- und den Ananassaft dazu.

4 Zum Garnieren stecken Sie ein Stück Ananas an den Rand des Glases

KARIBISCHER RUM-PUNSCH

1 Port.

10 Min.

Leicht

Zutaten

1 Teil Limettensaft
2 Teile Zuckersirup (Rezept in diesem Kochbuch)
3 Teile Rum, brauner Barbados-Rum
etwas Muskatnuss, gerieben
einige Spritzer Angostura Bitter

Nährwerte p. P.

127 kcal
13 g Kohlenhydrate
0 g Fett
0 g Eiweiß

1 Füllen Sie die flüssigen Zutaten in einen Shaker und mischen Sie sie gut durch.

2 Geben Sie nach Belieben Eiswürfel in ein Glas und füllen den Punsch darüber.

3 Garnieren Sie das Getränk mit etwas geriebener Muskatnuss.

CORN 'N' OIL |
BARBADISCHES NATIONALGETRÄNK

1 Port.

10 Min.

Leicht

Zutaten

2 Spritzer Angostura Bitter
30 ml Falernum
70 ml Rum, dunkel
10 ml Limettensaft
¼ Stück Limette

Nährwerte p. P.

299 kcal
4 g Kohlenhydrate
0 g Fett
0 g Eiweiß

1 Geben Sie alle Zutaten in ein Rührgefäß mit Eis. Bestücken Sie ein Glas mit etwas Eis nach Belieben.

2 Verrühren Sie die Flüssigkeiten und füllen Sie sie in das Glas.

3 Zum Garnieren stecken Sie ein Limettenviertel an den Rand des Glases.

BARBADOS SUNRISE |

BARBADISCHER COCKTAIL

1 Port.

10 Min.

Leicht

Zutaten

60 ml Rum, braun
50 ml Maracujasaft
60 ml Orangensaft
20 ml Grenadine-Sirup
30 ml Limettensaft
Eiswürfel

Nährwerte p. P.

192 kcal
14 g Kohlenhydrate
0 g Fett
2 g Eiweiß

1 Geben Sie einige Eiswürfel in ein geeignetes Glas. Füllen Sie alle Flüssigkeiten, bis auf den Sirup, über die Eiswürfel in das Glas.

2 Stellen Sie einen Barlöffel in das Glas und lassen Sie den Sirup darüber hineinlaufen.

BARBADOS COCKTAIL

1 Port.

10 Min.

Leicht

Zutaten

30 ml Rum, weiß
20 ml BOLS Coconut
20 ml BOLS Banana
20 ml Sahne
100 ml Orangensaft
Eiswürfel

Nährwerte p. P.

252 kcal
17 g Kohlenhydrate
7 g Fett
2 g Eiweiß

1 Stellen Sie ein geeignetes Glas für kurze Zeit in den Kühlschrank, um es vorzukühlen.

2 Geben Sie einige Eiswürfel in einen Shaker und füllen Sie alle Flüssigkeiten hinzu.

3 Schütteln Sie den Cocktail kräftig durch und füllen Sie ihn anschließend in das gekühlte Glas.

BARBADOS SWIZZLE |

BARBADISCHER COCKTAIL

1 Port.

10 Min.

Leicht

Zutaten

60 ml Rum, weiß
1 Spritzer Angostura
40 ml Limettensaft
10 ml Zuckersirup (Rezept in diesem Kochbuch)
40 ml Sodawasser
Crushed Ice

Nährwerte p. P.

240 kcal
13 g Kohlenhydrate
0 g Fett
1 g Eiweiß

1 Geben Sie etwas Crushed Ice in ein geeignetes Glas und füllen Sie alle Zutaten, bis auf das Sodawasser, hinein.

2 Verrühren Sie die Flüssigkeiten mit einem Barlöffel so lange, bis sich außen am Glas Eis bildet.

3 Nun füllen Sie das Sodawasser hinzu und geben nach Belieben noch etwas Crushed Ice hinzu.

KARIBISCHER KOKOS-PUNSCH

1 Port.

15 Min.

Leicht

Zutaten

100 ml Ananassaft
200 ml Kokosmilch
½ Zitrone, den Saft davon
20 ml Rum
2 EL Zucker

Nährwerte p. P.

733 kcal
52 g Kohlenhydrate
48 g Fett
5 g Eiweiß

1 Füllen Sie die Kokosmilch und den Ananassaft in einen Topf und erhitzen Sie die Flüssigkeit bei mittlerer Temperatur (nicht kochen).

2 Mischen Sie den Zitronensaft und den Rum dazu und süßen Sie das Getränk nach Belieben mit Zucker.

3 Dieser Kokospunsch wird warm genossen.

Soßen, Aufstriche, Cremes & Dips

SAUCE CHIEN |

GEMÜSESOẞE ZU GEGRILLTEM

4 Port.

35 Min.

Leicht

Zutaten

25 g Staudensellerie
25 g Paprika, grün
25 g Paprika, rot
½ Chilischote, rot
1 Zweig Petersilie
1 Knoblauchzehe
¼ Zwiebel, rot
½ Fleischtomate
3 EL Wasser
5 EL Olivenöl
1 Spritzer Limettensaft
1 Prise Pfeffer
1 Prise Salz

Nährwerte p. P.

183 kcal
2 g Kohlenhydrate
19 g Fett
1 g Eiweiß

1 Säubern Sie die Paprika und den Sellerie und schneiden Sie beides in kleine Würfel. Spülen Sie die Petersilie ab und hacken Sie sie in feine Stücke.

2 Säubern Sie die Chilischote und schneiden Sie sie in kleine Würfel. Waschen Sie die Tomate und entfernen Sie die Kerne. Schneiden Sie das Fruchtfleisch in kleine Stücke. Pellen Sie die Zwiebel und den Knoblauch und hacken Sie beides in feine Stücke.

3 Füllen Sie das vorbereitete Gemüse in eine Schüssel und geben Sie das Olivenöl, das Wasser und den Limettensaft dazu. Würzen Sie alles mit Salz und Pfeffer und vermischen Sie die Zutaten miteinander. Stellen Sie die Schüssel zum Ziehen für 1 bis 2 Stunden beiseite.

Tipp: Diese Soße ist besonders gut für Fischgerichte geeignet.

BAJAN PFEFFERSOẞE

2 Port.

30 Min.

Leicht

Zutaten

10 Chilischoten, rot
1 Zwiebel
2 EL Pflanzenöl
1 EL Kurkuma
1 EL Zucker, braun
1 EL Senf
¼ Tasse Essig
2 x ½ Tasse Wasser
Salz nach Belieben

Nährwerte p. P.

175 kcal
14 g Kohlenhydrate
11 g Fett
2 g Eiweiß

1 Pellen Sie die Zwiebel und schneiden Sie sie in kleine Würfel. Säubern Sie die Chilischoten und hacken Sie sie in kleine Stücke.

2 Geben Sie alle Zutaten, bis auf das Wasser, in einen Multizerkleinerer und pürieren Sie sie grob durch.

3 Füllen Sie nach und nach eine ½ Tasse Wasser dazu und mixen Sie die Soße zu einem feinen Brei.

4 Geben Sie die Pfeffersoße in einen Topf und erhitzen Sie sie bei mittlerer Temperatur. Köcheln Sie die Soße für etwa 20 Minuten und rühren Sie zwischendurch immer wieder um.

5 Füllen Sie bei Bedarf die zweite ½ Tasse Wasser hinzu, falls die Konsistenz zu dickflüssig ist.

Tipp: Auch mit gefrorener Ananas statt Beeren schmeckt dieser Smoothie zum Löffeln richtig toll.

ANANAS-JALAPEÑO-SALSA

4 Port.

15 Min.
+
30 Min.
Ziehzeit

Leicht

Zutaten

2 Zwiebeln, rot
¼ Stück einer Ananas, sehr reif
1 Jalapeño-Chili
2 EL Pflanzenöl
1 Limette
2 EL Kräuter, gehackt, nach eigenem Geschmack
1 Prise Salz
1 Prise Pfeffer

Nährwerte p. P.

83 kcal
6 g Kohlenhydrate
6 g Fett
1 g Eiweiß

1 Schälen Sie die Ananas und entfernen Sie den Strunk. Schneiden Sie die benötigte Menge in kleine Würfel. Pellen Sie die Zwiebeln und schneiden Sie sie in kleine Würfel. Säubern Sie die Chilischote und hacken Sie sie in feine Stücke. Pressen Sie den Saft aus der Limette.

2 Geben Sie alle Zutaten in eine Rührschüssel und vermischen Sie sie gründlich miteinander. Stellen Sie den Dip für mindestens 30 Minuten in den Kühlschrank.

Tipp: Die Salsa passt zu gegrilltem Fleisch oder zu Tortillas.

Gewürzmischungen

WÜRZSOẞE FÜR FLEISCH UND FISCH

4 Port.

30 Min.

Leicht

Zutaten

500 g Zwiebeln
100 g Knoblauch
125 g Frühlingszwiebeln
60 g Petersilie, frisch
60 g Thymian, frisch
60 g Majoran, frisch
10 g Nelken, gemahlen
4 Chilischoten, scharf
1 ½ Tassen Weißweinessig, Reisessig oder Malzessig
2 EL Worcestershiresauce
¼ TL Pfeffer, schwarz
4 ½ EL Salz

Nährwerte p. P.

187 kcal
35 g Kohlenhydrate
1 g Fett
5 g Eiweiß

1 Spülen Sie die Kräuter ab und entfernen Sie die Blätter von den Stängeln. Pellen Sie die Zwiebeln und den Knoblauch und schneiden Sie beides in feine Stücke. Säubern Sie die Frühlingszwiebeln und die Chilischoten und schneiden Sie sie in kleine Stücke.

2 Geben Sie den Thymian, den Majoran und den Essig in einen Multizerkleinerer und pürieren Sie alles zu einer feinen Masse. Füllen Sie sie in eine Schüssel.

3 Nun geben Sie die Zwiebeln, die Frühlingszwiebeln, die Petersilie, die Chilischoten und den Knoblauch in den Zerkleinerer. Vermixen Sie alle Zutaten für etwa 1 Minute. Anschließend füllen Sie die Masse in die Schüssel mit der Essigmischung und rühren alles gut durch.

4 Geben Sie das Salz, den Pfeffer, die gemahlenen Nelken und die Worcestershiresauce dazu und verrühren Sie alle Zutaten gründlich miteinander.

5 Füllen Sie die Soße in gut verschließbare Gläser. Sie sollte mindestens 1 Woche im Kühlschrank lagern, bevor Sie sie verwenden.

ZUCKERSIRUP

Mehrere

30 Min.

Leicht

Zutaten

500 ml Wasser (2 Teile)
250 g Zucker, braun (1 Teil)
250 g Rohrzucker, weiß (1 Teil)

Nährwerte p. Rezept

2.000 kcal
500 g Kohlenhydrate
0 g Fett
0 g Eiweiß

1 Füllen Sie das Wasser in einen Topf und geben Sie beide Zuckersorten dazu.

2 Kochen Sie das Zuckerwasser unter Rühren auf, bis sich der Zucker aufgelöst hat.

3 Füllen Sie den Sirup in gut verschließbare Flaschen oder Gläser ab. Verschlossen können Sie den Sirup über mehrere Monate lagern.

JERK |

KARIBISCHE GEWÜRZMISCHUNG

Mehrere 10 Min. Leicht

Zutaten

16 TL Cayennepfeffer
16 TL Meersalz, grob
12 TL Kreuzkümmel
4 TL Pimentkörner
8 TL Paprikapulver, edelsüß
2 TL Zimt
4 TL Pfefferkörner, schwarz
2 TL Muskatnuss

Nährwerte p. 100 g.

245 kcal
26 g Kohlenhydrate
10 g Fett
8 g Eiweiß

1 Geben Sie alle Gewürze in einen Multizerkleinerer. Zerkleinern Sie sie zu einem feinen Pulver.

2 Füllen Sie die Gewürzmischung in ein gut verschließbares Gefäß. Sie können das Gewürz einige Wochen an einem trockenen Ort lagern.

Tipp: Diese Gewürzmischung können Sie zu Fleisch, Fisch und Kartoffeln verwenden.

KARIBISCHES CURRY

 50 g.
 10 Min.
 Leicht

Zutaten

1 EL Kurkuma
3 EL Kokosraspeln
3 EL Koriandersaat
1 TL Knoblauchpulver
2 TL Kreuzkümmel
1 TL Cayennepfeffer
2 TL Senfsaat, schwarz
1 TL Meersalz, fein
½ TL Vanille, gemahlen

Nährwerte p. 100 g.

403 kcal
30 g Kohlenhydrate
23 g Fett
12 g Eiweiß

1 Erhitzen Sie eine Pfanne ohne Fettzugabe und rösten Sie darin die Kokosraspeln, die Koriandersaat, den Kreuzkümmel und die Senfsaat an, bis die Kokosraspeln eine goldbraune Farbe angenommen haben.

2 Geben Sie die gerösteten Gewürze in einen Mörser und verarbeiten Sie sie zu einem feinen Pulver. Alternativ können Sie auch einen elektrischen Multizerkleinerer verwenden.

3 Anschließend mischen Sie die übrigen Gewürze darunter und füllen alles in ein gut zu verschließendes dunkles Gefäß.

Tipp: Diese Gewürzmischung eignet sich zum Würzen von Gemüse, Suppen und Fleischgerichten.

CAJUN |

KARIBISCHE GEWÜRZMISCHUNG

Mehrere 10 Min. Leicht

Zutaten

2 EL Salz
1 EL Pfeffer, schwarz
3 EL Paprikapulver, edelsüß
2 EL Zwiebelpulver
1 EL Thymian, getrocknet
2 EL Oregano, getrocknet
1 EL Knoblauchpulver
1 TL Chilipulver

Nährwerte p. Rezept

294 kcal
39 g Kohlenhydrate
7 g Fett
11 g Eiweiß

1 Geben Sie alle Gewürze in eine Schüssel und vermischen Sie sie gründlich miteinander. Möchten Sie die Mischung etwas schärfer, geben Sie etwas mehr Chilipulver hinzu.

2 Füllen Sie das Gewürz in ein gut verschließbares dunkles Glas.

Tipp: Diese Würzmischung ist für alle karibischen Gerichte geeignet.

ADOBO GEWÜRZ | KARIBISCHE GEWÜRZMISCHUNG

4 Port. 10 Min. Leicht

Geben Sie alle Zutaten in eine Rührschüssel und pürieren Sie sie mit einem Stabmixer gut durch.

Zutaten

1 Msp. Oregano, getrocknet
1 Msp. Knoblauchpulver
1 Msp. Chilipulver
1 Msp. Zwiebelpulver
1 Msp. Pfeffer, schwarz
½ TL Salz
½ EL Pflanzenöl
90 g Tomatenmark

Nährwerte p. P.

39 kcal
4 g Kohlenhydrate
2 g Fett
0 g Eiweiß

Tipp: Mit der Adobo Gewürzmischung können Sie Fleisch und Fisch vor dem Garen einreiben.

COLOMBO GEWÜRZMISCHUNG - (KARIBISCHE GEWÜRZMISCHUNG)

1 Port.

10 Min.

Leicht

Geben Sie alle Zutaten in einen Mörser und verarbeiten Sie sie zu einem feinen Pulver.

Zutaten

½ TL Pfeffer, schwarz
½ TL Sternanis, gemahlen
2 EL Currypulver, mild
1 EL Senfsaat
2 EL Quatre-épices Gewürz (Rezept in diesem Kochbuch)
etwas Wasser

Nährwerte p. Rezept

174 kcal
20 g Kohlenhydrate
6 g Fett
6 g Eiweiß

Tipp: Diese Gewürzmischung ist zum Würzen und Verfeinern von karibischen Speisen geeignet.

QUATRE-ÉPICES GEWÜRZMISCHUNG -FRANZÖSISCHE GEWÜRZMISCHUNG

1 Port.

10 Min.

Leicht

Zutaten

4 EL Pfefferkörner, weiß
1 TL Nelken
1 EL Muskatnuss, gerieben
1 TL Ingwerpulver

Nährwerte p. Rezept

415 kcal
72 g Kohlenhydrate
8 g Fett
10 g Eiweiß

1 Erhitzen Sie eine Pfanne ohne Fettzugabe und rösten Sie darin die Pfefferkörner und die Nelken an.

2 Geben Sie die gerösteten Gewürze in einen Mörser und zerstoßen Sie sie zu einem feinen Pulver.

3 Geben Sie die gemörserten Gewürze in ein Schälchen und mischen Sie die Muskatnuss und das Ingwerpulver dazu